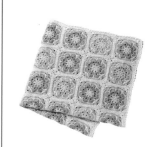

＊この本ではサイズを
月齢で表示しています。
サイズの目安は
右記を参考にしてください。

月齢	身長
0〜6か月	〜65cm
6〜12か月	65〜75cm
12〜18か月	75〜80cm
18〜24か月	80〜90cm

JN040911

かぎ針編みを始める前に

かぎ針編みはじめての人は、まずここを読んでから編み始めてください。

用意するもの

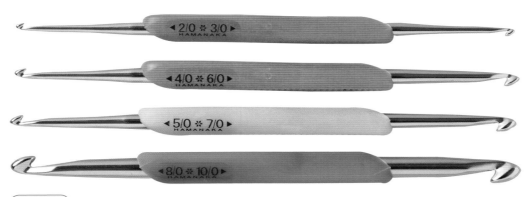

かぎ針

先端が「かぎ」状になっていて、そこに糸をかけて編みます。2/0号〜10/0号まであり、数字が大きくなるほど針は太くなります。

〈写真〉「ハマナカアミアミ両かぎ針ラクラク」。号数の違う「かぎ」が両端についている「両かぎ針」タイプ。1本用意すれば、2種類の号数が使えて便利。三角のグリップがついているので、初心者でも握りやすいのが特徴。

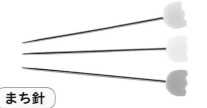

毛糸とじ針

編み物用の針で、縫い針よりも太く、先が丸いのが特徴。糸始末や編み地をとじるときに使用します。

〈写真〉ハマナカアミアミ毛糸とじ針（H250-706）

まち針

針足が長く、先が丸くなっている、編み物用のまち針。編み地を仮止めしたり、仕上げをするときに使います。

〈写真〉ハマナカアミアミまち針（H250-705）

アイロン

スチームの出るものを用意します。編みあがったものにスチームをかけて整えるときれいに仕上がります。

ハサミ

紙を切るハサミとは別に、先が細くてよく切れる手芸用のものがあると便利です。

〈写真〉ハマナカクラフトハサミ（H420-001）

メジャー

編んだものの長さを測るときやゲージをとるときに使います。

段目リング

目印として編み目にひっかけて使うリング。編み始めや減らし目を始めるところなどに、つけるとよいでしょう。

〈写真〉ハマナカアミアミ段目リング（H250-708）

糸について

手編み糸には、形状や素材によってさまざまな種類があります。この本では、初心者でも編みやすい、ストレート糸（太さやよりが均一でまっすぐな糸）を中心に使用しています。素材は、オーガニックコットン、ウール、アクリルなどいろいろあるので、好みのものを選びましょう。

〈写真左〉ハマナカ ポームシリーズ。オーガニックコットンを100％使用しているので、赤ちゃんの肌にも安心な素材。

〈写真右〉ハマナカ わんぱくデニス。アクリル70％、ウール30％の糸で洗濯機で丸洗いしても縮んだり、型崩れしないのが特徴。

糸のラベルの見方

❶ 糸の名称
❷ 糸の素材
❸ 糸の重さと長さ
❹ 色番号
❺ ロット
　色番号が同じでも、ロットが違うと染めたときの状態が違うので、色が微妙に異なることがあります。何玉か購入するときは、同じロットの糸を選びましょう。
❻ この糸を編むのに適した針の号数
❼ 標準ゲージ
　10cm角の中に入る標準的な目数と段数（P.6参照）
❽ 取り扱い方法
　洗濯やアイロンをかけるときの方法や注意点

この本で使用したおもな糸

※写真はすべて実物大です。
※作品によっては、使用する針と適合針が異なる場合があります。
※本書の材料の表記は、2021年8月現在のものです。

コットン糸

❶ ポーム《無垢綿（ムクワタ）》ベビー
綿（ピュアオーガニックコットン）100％／25g玉巻（約70m）または100g玉巻（約280m）／適合針5/0号
※25g玉巻と100g玉巻があるので、使用する糸量によって使い分けましょう。

❷ ポーム コットンリネン
綿60％、リネン40％（綿、麻ともにピュアオーガニック）／25g玉巻（約66m）／適合針5/0号

❸ ポーム《彩土染め（ハニゾメ）》
綿（ピュアオーガニックコットン）100％／25g玉巻（約70m）／適合針5/0号

❹ ポーム ベビーカラー
綿（ピュアオーガニックコットン）100％／25g玉巻（約70m）／適合針5/0号

❺ ポーム リリー《フルーツ染め》
綿（ピュアオーガニックコットン）100％／25g玉巻（約78m）／適合針5/0号

❻ かわいい赤ちゃん〈ピュアコットン〉
綿（超長綿）100％／40g玉巻（約120m）／適合針3/0～4/0号

ウール混糸

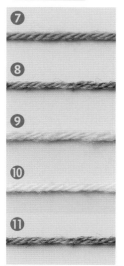

❼ アメリー
ウール（ニュージーランドメリノ）70％、アクリル30％／40g玉巻（約110m）／適合針5/0～6/0号

❽ アメリーエフ《合太》
ウール（ニュージーランドメリノ）70％、アクリル30％／30g玉巻（約130m）／適合針4/0号

❾ わんぱくデニス
アクリル70％、ウール（防縮加工ウール使用）30％／50g玉巻（約120m）／適合針5/0号

❿ かわいい赤ちゃん
アクリル60％、ウール（メリノウール使用）40％／40g玉巻（約105m）／適合針5/0号

⓫ ソノモノ ツィード
ウール53％、アルパカ40％、その他（キャメル及びヤク使用）7％／40g玉巻（約110m）／適合針5/0号

糸と針の使い方

糸のかけ方

❶ 糸端を左手の甲側から小指と薬指の間にはさんで人さし指にかけ、手のひら側に出します。

❷ 人さし指にかかった糸端を親指と中指でつまんで持ちます。人さし指を立てて糸を張り、たるまないように調子をとりながら編みます。

針の持ち方

針先のかぎ部分を下側に向け、右手の親指と人さし指で軽くグリップを握り、中指をそえます。中指は針にかかった糸を押さえたり、編み地を支えたりします。

糸端の取り出し方

❶ 糸玉の中に指を入れて、糸のかたまりをつまんで取り出します。

❷ かたまりの中から糸端を見つけます。

ドーナツ状に巻かれた糸玉は、紙のラベルをはずしてから❶〜❷と同様に糸端を見つけます。

ゲージについて

ゲージとは

ゲージとは「一定の大きさ（10cm角など）の編み地の中に編み目が○目、○段あるか」を示しています。この測り方が基本ですが、これ以外にも1模様の大きさやモチーフ1枚の大きさで表示することもあります。

作品のサイズ通りに編むには、このゲージを合わせることが重要。編む手加減は人それぞれ異なるので、ゲージが合っていないと、せっかく編んだのにサイズが合わなくて着用できないことも。作品を編み始める前に、まずは15cm角くらいの編み地（モチーフつなぎの場合はモチーフ1枚）を試し編みしてみましょう。

ゲージの調整方法

自分のゲージが表示と異なる場合、次の方法で調整します。

●目数、段数が表示よりも多いとき

編み目がきついので、でき上がりサイズが作品よりも小さくなります。指定よりも1〜2号太い針を使いましょう。

●目数、段数が表示よりも少ないとき

編み目がゆるいので、でき上がりサイズが作品よりも大きくなります。指定よりも1〜2号細い針で編みましょう。

長編み
12目、6段＝10cm角の場合

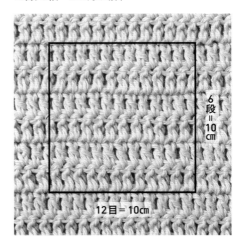

6段＝10cm

12目＝10cm

製図・符号図の見方

製図

「製図」は、編み方の全体図を示しています。まず最初にこの図を見て、寸法や目数と段数、編み地、縁編みなどの必要な情報を確認します。

❶ 編み始め位置
❷ 寸法
❸ 目数
❹ 編み方向
❺ パーツ名
❻ 編み地
❼ 段数

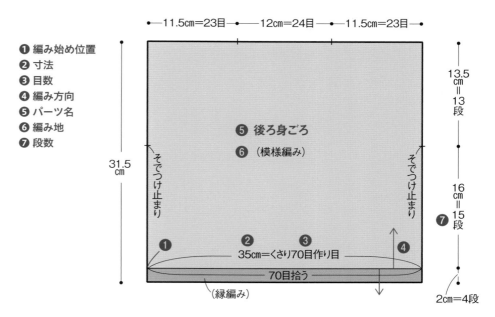

符号図

編み方は記号で示されており、編み目記号が表示してある図のことを「符号図」といいます。
符号図は、表から見た状態を表していて、往復編みと輪編みがあります。
基本の編み目記号と編み方はP.108〜を参照してください。

往復編みの符号図

往復して編むものは基本的には1段ごとに編み地の向きがかわります。下の符号図の場合、奇数段は表側、偶数段は裏側を見て編むことになります（作品によって違う場合もあります。段数の横にある編み方向の矢印を見て編みましょう。編み方は表側も裏側も符号図通りに編みます。つまり、この符号の場合、長編みの目が1段ごとに裏側が見えることになります。

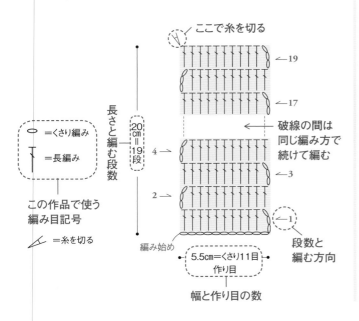

輪編みの符号図

モチーフや帽子など輪で編むものは、基本的には表側を見ながら符号図通りに編みます（作品によっては輪編みで往復に編むものもあります）。下の符号図のように丸く編むものは、中心から外側に向かって編んでいきます。

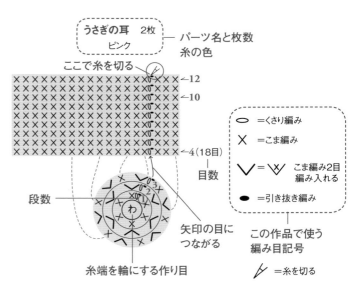

7

ストラップシューズ

編み方 → 10ページ

0〜6か月

生まれてくる赤ちゃんのために
最初に編んであげたいベビーシューズ。
ストラップをつけた
かわいい仕上がりです。

A

デザイン／かんのなおみ
糸　ハマナカ ポームリリー《フルーツ染め》

はじめてでもかわいく作れる

かぎ針編みの赤ちゃんニット

西東社

CONTENTS

B

ストラップシューズ

A

B

用意するもの

糸　ハマナカ ポームリリー《フルーツ染め》(25g玉巻)
　　A ぶどう (506) 20g
　　B メロン (504) 20g
針　ハマナカアミアミ両かぎ針ラクラク5/0号
その他　直径1.2cmのボタン各2個
ゲージ　こま編み　26目＝10cm　7段＝2.5cm
サイズ　足のサイズ9cm

編み方　糸は1本どりで編みます。

1　底はくさり11目を作り目し、こま編み、中長編み、長編みで図のように編みます。

2　続けて側面と甲をこま編みと模様編みで、図のように途中でストラップを編みながら右足を編みます。左足はストラップの位置を対称にして同様に編みます。

3　Bは甲部分をさらに5段編み、折り返し分を裏側に折ってストラップを通してまつります。

4　ボタンをつけます。

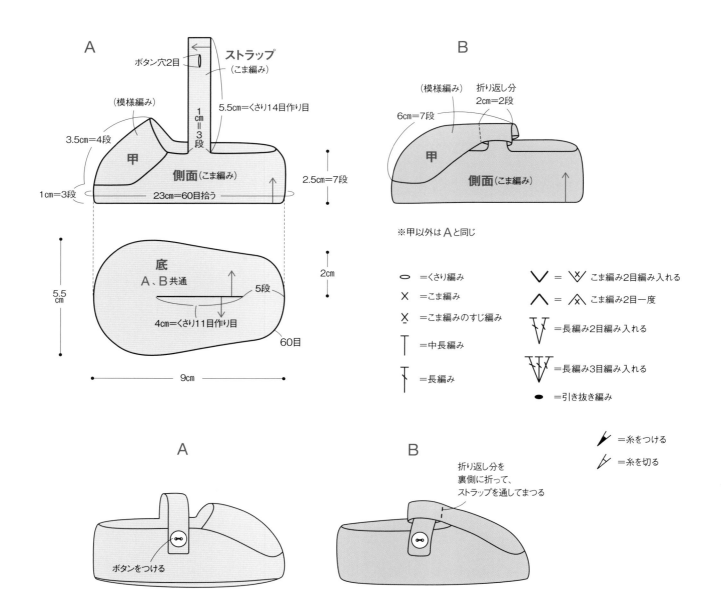

右足

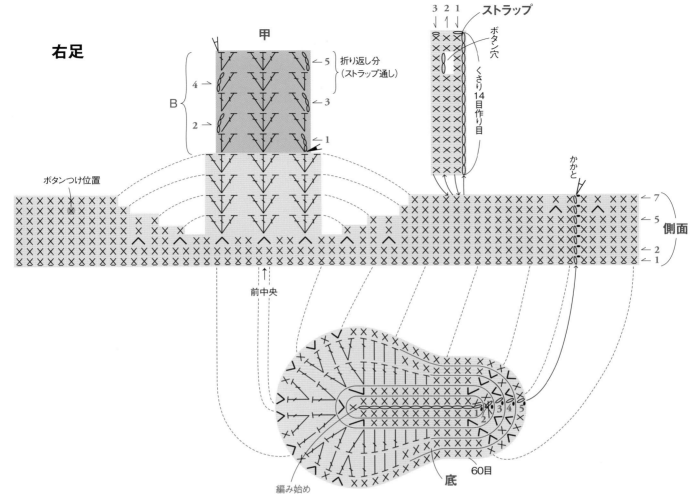

甲

折り返し分
（ストラップ通し）

B

ストラップ

3 2 1

ボタン穴

くさり14目作り目

ボタンつけ位置

かかと

側面

前中央

編み始め

底

60目

左足

※底は右足と同じ

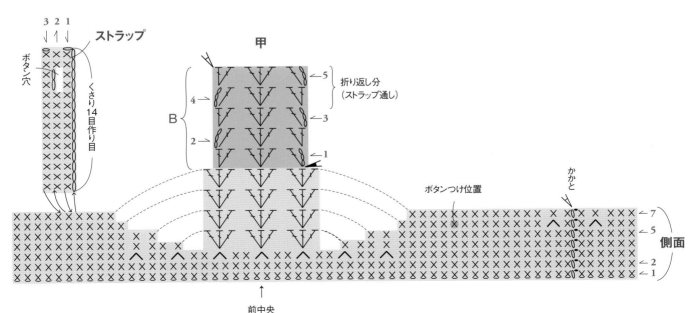

3 2 1

ストラップ

ボタン穴

くさり14目作り目

甲

折り返し分
（ストラップ通し）

B

ボタンつけ位置

かかと

側面

前中央

【底を編みます】

○ くさり編みの作り目

1 糸を左手にかけ、かぎ針を矢印のように回して糸をかける。

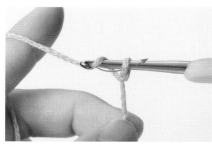

2 針に糸をかけ、矢印のように引き抜く。

3 引き抜いたところ。
※この目は目数に数えません。

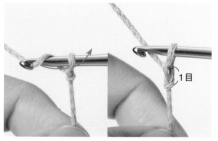

4 針に糸をかけ、矢印のように引き抜く。くさり編みが1目編めた。

5 4をくり返す。

6 くさり編みを11目編む。

1段め

7 続けて立ち上がりのくさり編みを1目編む。

Q&A

立ち上がりってなに？

「立ち上がり」とは、毎段の編み始めに、編み目の高さを出すために編むくさり編みのこと。くさり編みの目数は、基本的に次に編む編み目によって決まります。こま編みは立ち上がりのくさり目を1目に数えませんが、中長編みや長編みは立ち上がりを1目に数えます。

こま編み
立ち上がり
くさり編み1目
1目め

中長編み
立ち上がり
くさり編み
2目
1目め

長編み
立ち上がり
くさり編み
3目
1目め

✕ こま編み

8 作り目のくさり目の向こう側半目に針を入れ、針に糸をかけて引き出す。

POINT

くさり編みの「半目」

くさり編みは表側に2本の目があり、その目の1本を指すときは「半目」と呼びます。

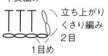

表側
半目
半目

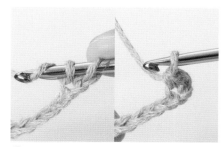

9 針に糸をかけ、針にかかっている2つのループを一度に引き抜く。

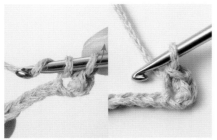

⑩ ⑧と同じくさり目の向こう側半目にもう1目こま編みを編む。

POINT

目印をつける

かぎ針編みに慣れていないと、あとで1目めがどこか分からなくなってしまうことも。心配な人は、こま編みの1目めに目印として段目リングをつけておくと安心です。

1目め

段目リング

⑪ くさり目の隣の半目に針を入れ、最初のくさり目の手前までこま編みを1目ずつ編む。

⑫ 端のくさり目にこま編みを2目編み入れる。

⑬ 編み地の上下の向きをかえ、端のくさり目の残り2本をすくってこま編みを1目編む。

⑭ 編んだところ。端のくさり目にはこま編みが3目編めた。

⑮ 続けてくさり目の残り2本をすくって、作り目の下側にこま編みを1目ずつ編む。

● 引き抜き編み

⑰ 糸をかけて引き抜く。

⑯ 端まで編んだら、1目めのこま編みの頭に針を入れる。

※1目めに段目リングをつけている場合は、段目リングをはずしてから編みます。

⑱ 1段めが編めた。

Q&A

「頭」ってなに？

「頭」は編み目の上にある、くさりのような部分のこと。その下にある柱のような部分は「足」と呼びます。

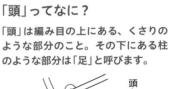

頭

足

2段め

1目

⑲ 立ち上がりのくさり編みを1目編む。

⋁ こま編み2目編み入れる

20 1段めの1目めのこま編みの頭（**16**で針を入れたところと同じ）に針を入れ、こま編みを編む。

21 隣のこま編みの頭に針を入れ、こま編みを1目編む。

22 **21**と同じところにもう1目こま編みを編む。「こま編み2目編み入れる」が編めた。記号図を見ながら、続けて編む。

23 2段めの最後のこま編みは、1段めの1目めのこま編みの頭（**20**で針を入れたところと同じ）に針を入れる。

24 こま編みを編む。

25 2段めの編み終わりは、2段めの1目めのこま編みの頭に針を入れ、引き抜く。

3段め ┬ 中長編み

26 3段めは図を見ながら中長編みの手前まで編む。針に糸をかけ、隣の目に針を入れて糸を引き出す。

27 くさり2目分の高さまで糸を引き出し、針に糸をかけてループを一度に引き抜く。中長編みが編めた。

28 同様に中長編みを計3目編む。

┬ 長編み

29 次の目は長編みを編む。針に糸をかけ、くさり2目の高さまで糸を引き出す。

30 針に糸をかけて1段の高さまで2つのループを引き抜く。

31 針に糸をかけ、針にかかっているループを一度に引き抜く。長編みが編めた。

ⅴ 長編み2目編み入れる

③ 長編みを計3目編む。

③ 次の目は「長編み2目編み入れる」を編む。まず、長編みを1目編む。矢印のように同じところにもう1目長編みを編む。

④ 「長編み2目編み入れる」が編めた。

4・5段め

⑤ 同様に「長編み2目編み入れる」を計6回編む。つま先側に長編みを編むことで、足の形ができていく。

⑥ 3段めの続きを編む。

③ 記号図を見ながら、5段めまで編む。底が編めた。

【側面を編みます】

1段め

③ 立ち上がりのくさり編みを1目編む。

✕ こま編みのすじ編み

③ 前段のこま編みの頭の向こう側半目に針を入れて、こま編みを編む（＝こま編みのすじ編み）。

④ 同様にこま編みのすじ編みを編んでいく。手前の半目がすじのように残り、底と側面に境目ができる。

3段め ⚠ こま編み2目一度

④ 3段めの「こま編み2目一度」の手前まで編む。次の目に針を入れ、糸を引き出す。

④ その次の目にも針を入れて糸を引き出し、針に糸をかけてループを一度に引き抜く。

4段め

④ 4段めはこま編みを21目編む。

15

⋎ 長編み3目編み入れる

㊹ 甲側で「長編み3目編み入れる」を編む。長編みを1目編んだら、同じ目に長編みをもう2目編む。

㊺ 2目あけて「長編み3目編み入れる」をあと2回くり返す。

5・6段め

㊻ 記号図を見ながら6段めまで編む。同じものをもう1枚編む。

7段め

14目

㊼ 7段め。右足はこま編みを10目編んだら、ストラップのくさり編みを14目編む。

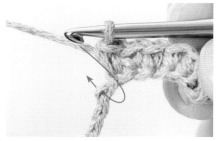

㊽ 立ち上がりのくさり編みを1目編み、くさり目の裏山をすくってこま編みを編む。

> **POINT**
>
> ### くさり編みの「裏山」
>
> くさり編みは裏側にこぶのような糸があり、それを「裏山」と呼びます。裏山をすくって編むと、表側のくさり目がきれいに残ります。
>
>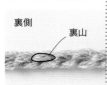
>
> 裏側　　裏山

㊾ 端まで編んだら、側面にこま編みを編む。

㊿ こま編みを編んだところ。

裏側

51 ストラップを裏返し、ストラップの1段めのこま編みの頭に針を入れ、こま編みを編む。

ボタン穴

52 ボタン穴のところは、くさり編み2目を編んで穴をあける

くさり編みの向こう側半目をすくう

53 3段めのボタン穴のところはくさり編みの向こう側半目に針を入れてこま編みを編む。

54 続けて側面7段めの残りを編む。

55 7段めが編み終わったら、糸を10cmくらい残してカットし、ループの中に糸を通して引きしめる。

Q&A

糸の始末をきれいにするには？

残した糸をとじ針に通し、編み地の表側にひびかないように裏側の編み目にくぐらせます。向きをかえてもう一度通し、余分な糸をカットします。

56 左足は6段めまで右足と同様に編む。7段めの甲の模様を編んだら、こま編みを4目編み、続けてくさり編みを14目編む。

57 ストラップを同様に編み、7段めの残りを編んで糸の始末をする。Bは**59**へ。

58 指定の位置にボタンをつける。Aのでき上がり。

Bの甲部分

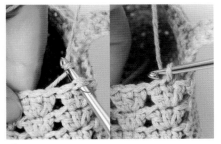

59 Bは**1**〜**57**と同様に編み、糸を切る。甲の指定の長編みの頭に針を入れ、新しく糸を引き出す。

60 図を見ながら1段めを編む。2段めの立ち上がりのくさり編みを3目編んだら、編み地を裏返す。

裏側

61 2段めを編む。最後の長編みは1段めのくさり編みの3目めに針を入れて編む。

62 1段ごとに編み地を返しながら5段編む。糸を20cmくらい残してカットし、ループの中に糸を通して引きしめる（**55**参照）。

63 甲の折り返し分を裏側に折ってストラップを通し、残した糸をとじ針に通して裏側にまつる。

64 指定の位置にボタンをつける。Bのでき上がり。

胴着と
レッグウォーマー

0〜12か月

編み方 → 胴着20ページ／レッグウォーマー30ページ

赤ちゃんの体温調節に
一枚あると便利なのが胴着。
ねんねの頃からよちよち歩きの頃まで
長く使えます。
Bは2色のしま模様にアレンジして、
おそろいのレッグウォーマーも作りました。

A

デザイン／かんのなおみ　Aの制作／菅野葉月
糸／Aハマナカ ポームベビーカラー　Bハマナカ ポーム《無垢綿》ベビー、ハマナカ ポームベビーカラー

B

胴着

A

B

用意するもの

糸　A　ハマナカ ポームベビーカラー（25g玉巻）
　　　　水色（95）140g
　　　B　ハマナカ ポーム《無垢綿》ベビー（100g玉巻）
　　　　生成り（411）95g
　　　　ハマナカ ポームベビーカラー（25g玉巻）
　　　　ローズピンク（306）65g
針　ハマナカアミアミ両かぎ針ラクラク5/0号
その他　A　直径1.5cmのボタン3個　直径1.1cmのボタン1個
ゲージ　模様編み　24目、16段＝10cm角
サイズ　後ろ幅27.5cm　着丈32cm　背肩幅28.5cm

編み方　糸は1本どりで、Aは単色、Bは指定の配色で編み方向に注意して編みます。

1　前後身ごろはくさり158目を作り目し、Aは模様編み、Bは模様編みのしまで22段編みます。

2　えりぐりの減らし目をしながら6段編み、そでぐりからは左右前身ごろ、後ろ身ごろを分けて編みます。

3　肩をくさりはぎではぎ合わせます。

4　すそ、前端、えりぐりに続けて縁編みを編みますが、Aはボタン穴をあけながら編みます。

5　そでぐりにも縁編みを編みます。

6　Aはボタンをつけ、Bはひもを編んでつけます。

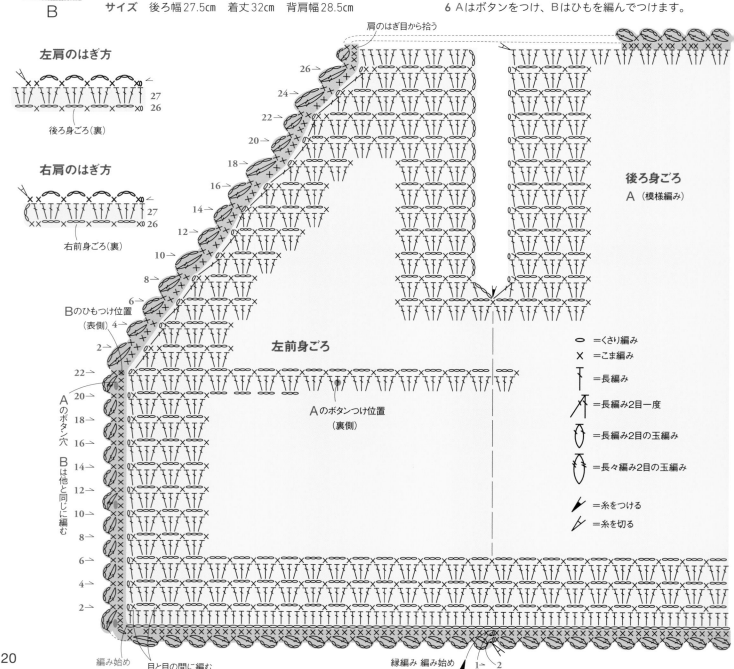

左肩のはぎ方

後ろ身ごろ（裏）

右肩のはぎ方

右前身ごろ（裏）

肩のはぎ目から拾う

後ろ身ごろ
A（模様編み）

左前身ごろ

Bのひもつけ位置
（表側）

Aのボタンつけ位置
（裏側）

Aのボタン穴
Bは他と同じに編む

目と目の間に編む

編み始め

縁編み 編み始め

○＝くさり編み
✕＝こま編み
╎＝長編み
╱╲＝長編み2目一度
◯＝長編み2目の玉編み
◯＝長々編み2目の玉編み
╱＝糸をつける
╱＝糸を切る

20

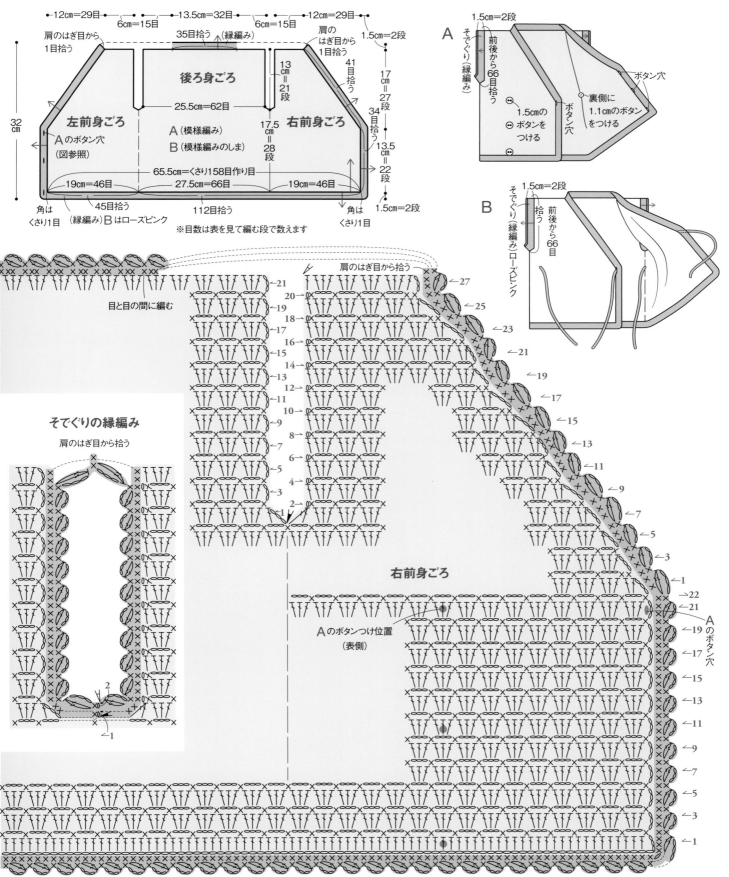

・12cm=29目・　　6cm=15目　　・13.5cm=32目・　　6cm=15目　　・12cm=29目・　　1.5cm=2段

肩のはぎ目から　　　　　35目拾う　　〈縁編み〉　　肩の　　41目　　17
1目拾う　　　　　　　　　　　　　　　　　　　　はぎ目から　　拾う　　cm
　　　　　　　　　　　　　　　　　　　　　　　1目拾う　　　　　　=
32　　　　　　　　後ろ身ごろ　　　　　　　　13　　　　　27
cm　　　　　　　　　　　　　　　　　　　　cm　　　　34段
　　　　　　　　　25.5cm=62目　　　　　　=21段　　目拾う
　　左前身ごろ　　　　　　　　　　　右前身ごろ　　13.5
　　　　　　　　A〈模様編み〉　　17.5　　　　　cm
　　Aのボタン穴　　B〈模様編みのしま〉　cm　　　　=
　　（図参照）　　　　　　　　　　　　=28段　　22段
　　　　　　　　65.5cm=くさり158目作り目　　　　1.5cm=2段
　　　19cm=46目　　　27.5cm=66目　　　19cm=46目
　　　45目拾う　　　　　112目拾う
角は　　（縁編み）Bはローズピンク　　　　　　　　角は
くさり1目　　　　　　　　　　　　　　　　　　　くさり1目
　　　　※目数は表を見て編む段で数えます

A　　1.5cm=2段　　ボタン穴
　　　前後から66目拾う
そでぐり〈縁編み〉　　　　　裏側に1.1cmのボタンをつける
　　1.5cmのボタンをつける　　ボタン穴

B　　1.5cm=2段
　　　そでぐり拾う
　　　前後から66目拾う
そでぐり〈縁編み〉ローズピンク

そでぐりの縁編み
肩のはぎ目から拾う

目と目の間に編む

肩のはぎ目から拾う　　　←27
　　　　　　　←25
　　　　　　　←23
　　　　　　　←21
　　　　　　　←19
　　　　　　　←17
　　　　　　　←15
　　　　　　　←13
　　　　　　　←11
　　　　　　　←9
　　　　　　　←7
　　　　　　　←5
　　　　　　　←3
　　　　　　　←1

右前身ごろ
Aのボタンつけ位置（表側）

←22
←21
Aのボタン穴
←19
←17
←15
←13
←11
←9
←7
←5
←3
←1

【前後身ごろを編みます】

（作り目）

❶ P.12の❶～❺を参照し、作り目のくさり編みを158目編む。

（1段め）

立ち上がり3目
作り目

❷ 続けて立ち上がりのくさり編みを3目編む。

┬ 長編み

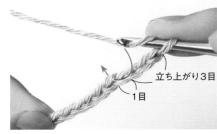

立ち上がり3目
1目

❸ 針に糸をかけ、作り目の2目め（5目手前の目）のくさり目の向こう側半目に針を入れる。

❹ 針に糸をかけ、くさり編み2目分の高さまで糸を引き出す。

❺ 針に糸をかけて1段の高さまで2つのループを引き抜く。

❻ もう一度針に糸をかけ、針にかかっているループを一度に引き抜く。長編みが編めた。

❼ 針に糸をかけ、隣のくさり目の半目に針を入れる。

❽ 同様に長編みを編む。

❾ 端のくさり目まで長編みを1目ずつ編む。1段めが編めた。

（2段め）

立ち上がり1目

❿ 立ち上がりのくさり編みを1目編む。矢印のように編み地を回して裏返す。

✕ こま編み

⓫ 1段めの端の長編みと隣の長編みの間に針を入れ、針に糸をかけて引き出す。

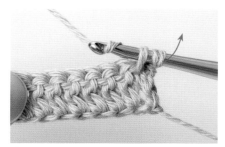

⓬ 針に糸をかけ、針にかかっている2つのループを一度に引き抜く。

⑬ こま編みが編めた。

POINT

目と目の間に編む

この作品では、こま編みは前段の長編みの目と目の間に針を入れて編みます。写真のように長編みの頭に編まないように気をつけてください。

NG

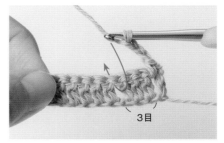
3目

⑭ くさり編みを3目編み、長編み3目分あけて目と目の間に針を入れる。

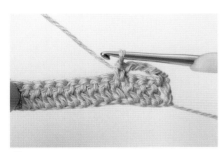

⑮ こま編みを編む。

⑯ ⑭・⑮をくり返す。2段めの編み終わりは、立ち上がりのくさり目と隣の長編みの間に針を入れてこま編みを編む。

⑰ 2段めが編み終わった。

3段め

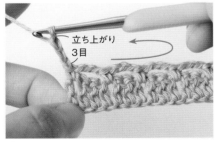
立ち上がり
3目

⑱ 立ち上がりのくさり編みを3目編み、編み地を表に返す。

⑲ 針に糸をかけ、前段のくさり編みの全体をすくって、長編みを3目編み入れる。

⑳ 同様に前段のくさり編みの全体をすくって、長編みを3目ずつ編み入れる。

POINT

 と の違い

「○目編み入れる」などの編み目記号には、根元がついているものと根元が離れているものがあります。編み方は同じですが、記号の根元の状態によって、針を入れる位置が異なります。

根元が離れている場合

前段のくさり編みの全体をすくって編みます。このことを「束にすくう」と言います。

根元がついている場合

前段の1目に針を入れて編みます。

㉑ 3段めの編み終わりは、前段のこま編みの頭（P.13参照）に針を入れて長編みを編む。

4段め

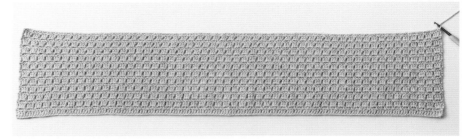

㉒ 立ち上がりのくさり編みを1目編んで編み地を裏返し、⓫〜⓱と同様にこま編み1目とくさり編み3目をくり返して編む。

㉓ 模様編みで22段編む。

Q&A

途中で糸がなくなったら？

最後の目を引き抜くときに、新しい糸を針にかけて引き抜き、そのまま編んでいきます。新しい糸も前の糸も10cmくらい残しておき、あとから裏側の編み地に通して始末します（P.17参照）。

【えりぐりの減らし目をします】

1段め

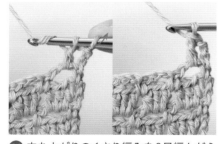

㉔ 立ち上がりのくさり編みを3目編んだら編み地を表に返し、長編みを編む。
※くさり編みと長編みで2目一度したことになります。

長編み2目一度

㉕ 続けて右端まで編み、最後は長編み2目一度をする。針に糸をかけ、前段のくさり編みの全体をすくって糸を引き出す。

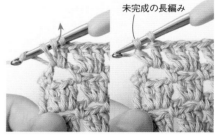

未完成の長編み

㉖ 針に糸をかけて2つのループを引き抜く。この状態を「未完成の長編み」と呼ぶ。

Q&A

「未完成の長編み」って？

最後の引き抜く操作をしない長編みのこと。引き抜かないので、針にループが残った状態になり、「○目一度」や玉編みを編むときに使います。同様に最後の引き抜く操作をしない編み方を「未完成の中長編み」「未完成の長々編み」などと呼びます。

未完成のこま編み

未完成の中長編み

未完成の長編み

未完成の長々編み

㉗ 針に糸をかけ、続けてこま編みの頭に針を入れ、未完成の長編みをもう1目編む。

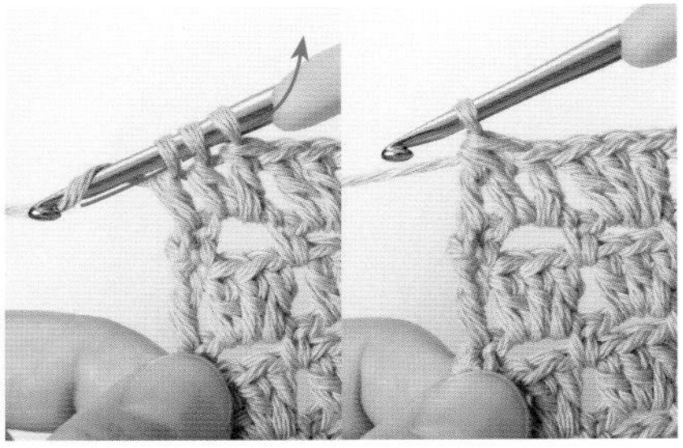

㉘ 針に糸をかけ、全部のループを一度に引き抜く。「長編み2目一度」が編めた。

2段め

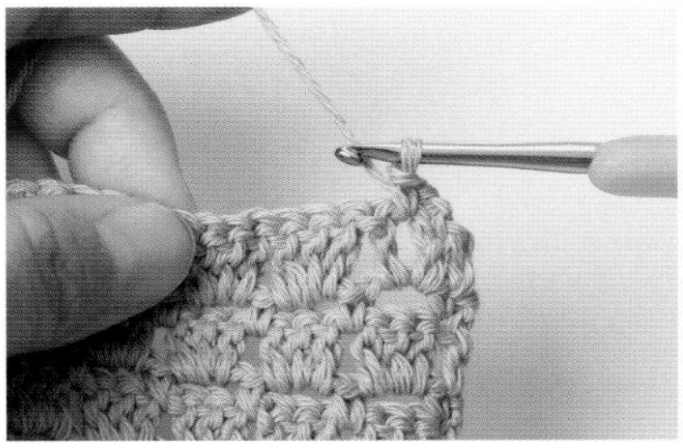

㉙ 立ち上がりのくさり編みを1目編んだら編み地を裏返し、目と目の間にこま編みを2目編む。記号図を見ながら続きを編む。

3〜6段め

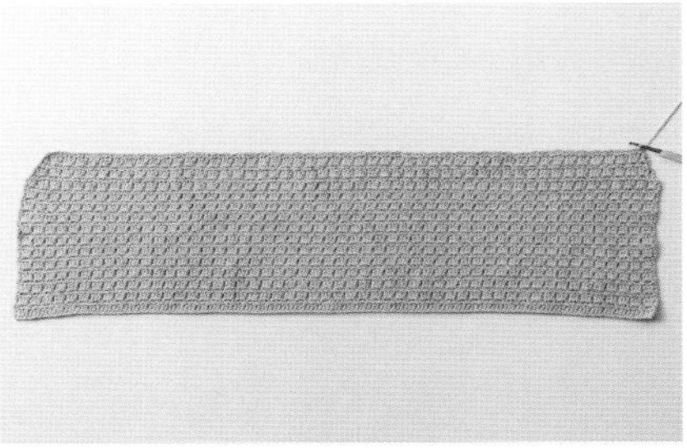

㉚ 左右で減らし目をしながら6段めまで編む。

7段め

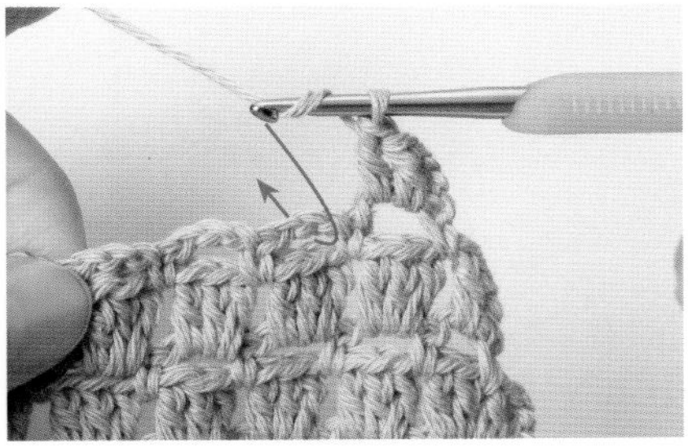

㉛ 次の段からは右前身ごろだけを往復して編む。

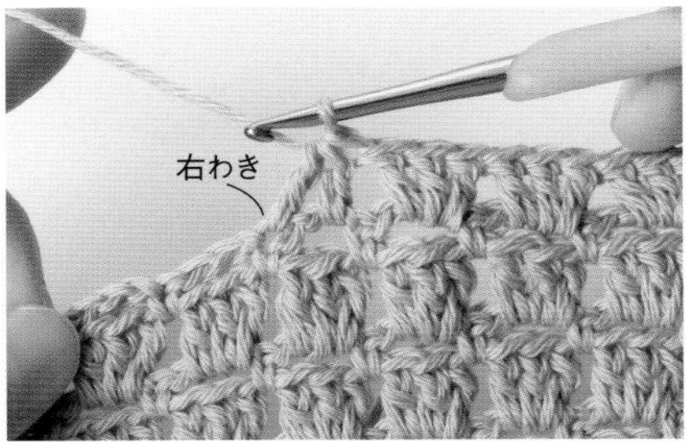

㉜ 指定の位置まで編んだら、立ち上がりのくさり編み1目を編んで編み地を裏返す。

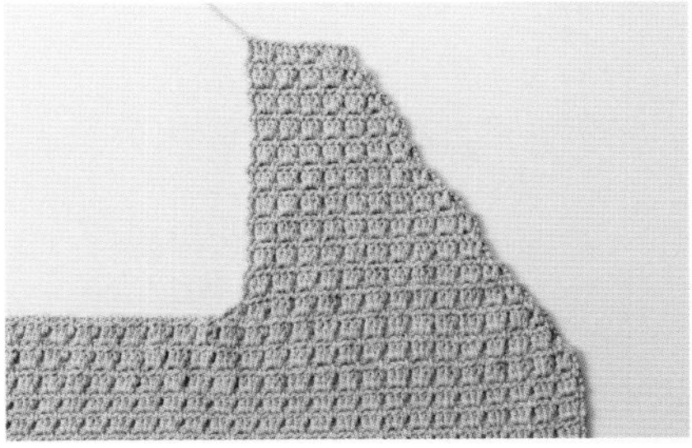

㉝ 記号図を見ながら右前身ごろを編む。編み終わりは糸を30cmくらい残してカットし、ループの中に糸を通して引きしめる(P.17の55参照)。

糸をつける

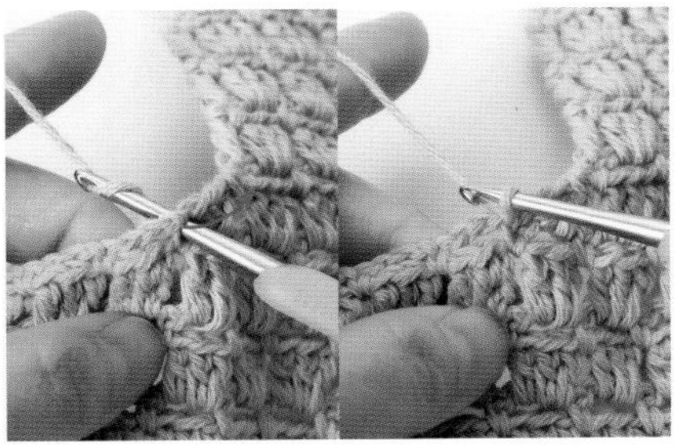

㉞ 後ろ身ごろを編む。右わきの指定のこま編みの頭に針を入れ、新しい糸をかけて引き出す。

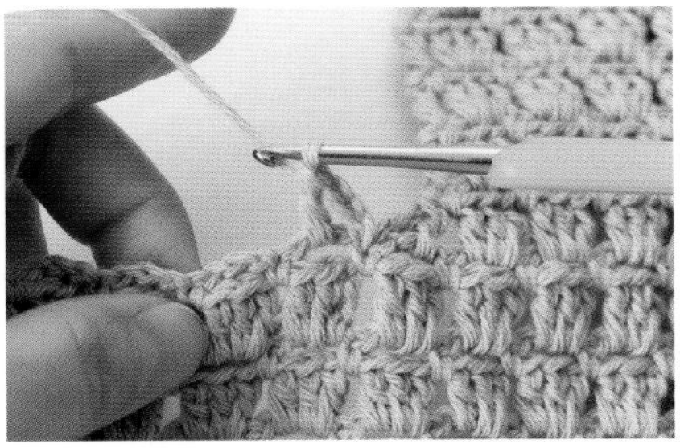

㉟ 記号図を見ながら後ろ身ごろを編む。

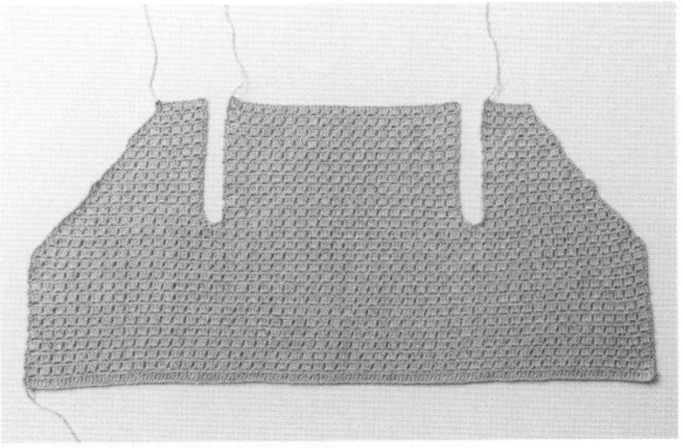

㊱ 後ろ身ごろを編んだら、同様に新しく糸をつけて左前身ごろを編む。

【肩をはぎ合わせます】

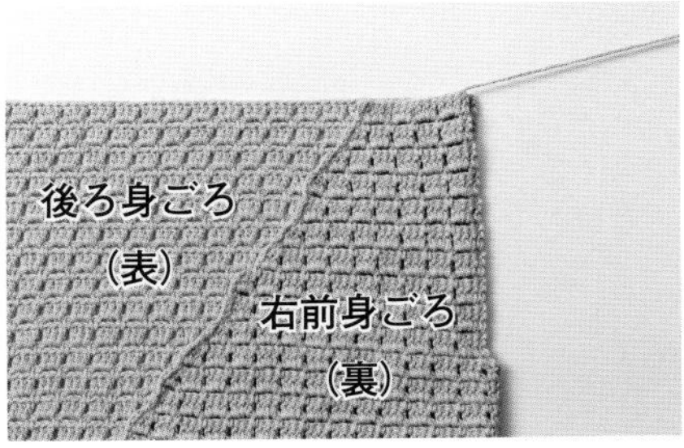

㊲ 編み地を中表に合わせ、肩のラインを合わせる。

くさりはぎ

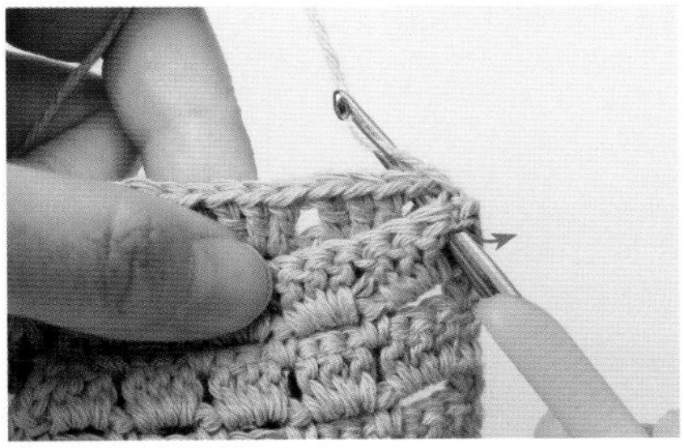

㊳ 最終段の端の目と隣の目の間に針を入れ、残した糸を引き出す。

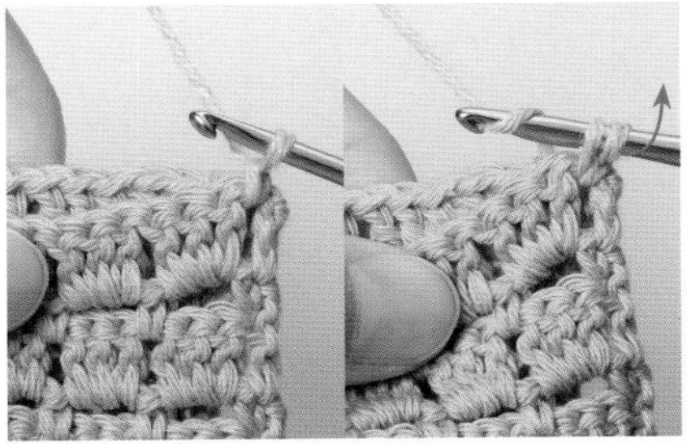

㊴ 立ち上がりのくさり編みを1目編み、㊳と同じ目と目の間にこま編みを編む。

㊵ 続けてくさり編みを3目編む。

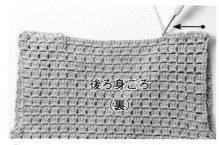

㊶ こま編み1目（目と目の間に編む）とくさり編み3目をくり返し、最後はこま編みを2目編む。

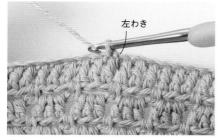

後ろ身ごろ
（裏）

㊷ 左肩は後ろ身ごろを見ながら、同様にくさりはぎではぎ合わせる。

【縁編みを編みます】

1段め

左わき

㊸ 作り目の指定の位置に糸をつけ、立ち上がりのくさり編みを1目編み、くさり目の残り2本をすくってこま編みを編む。

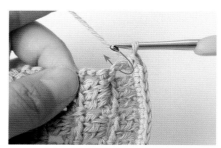

1目

㊹ 端まで編んだら、くさり編みを1目編む。

㊺ 端のくさり目にこま編みをもう1目編んだら、次は段から矢印のようにすくう。

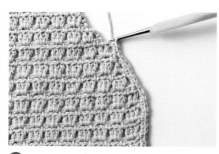

㊻ 立ち上がりのくさりをすくって2目編んだら、次の目はこま編みの頭に針を入れて1目編む。

㊼ えりぐりの減らし目部分も図を見ながら同じ要領でこま編みを編む。

● 引き抜き編み

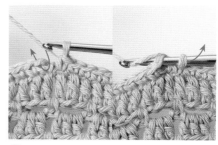

㊽ 1周ぐるりとこま編みを編んだら、1目めのこま編みの頭に針を入れ、糸をかけて引き抜く。

2段め

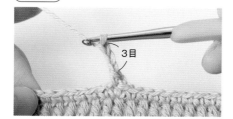

3目

㊾ 立ち上がりのくさり編みを1目、こま編みを1目、くさり編みを3目編む。

⇕ 長編み2目の玉編み

未完成の長編み

㊿ ㊾でこま編みを編んだところに、未完成の長編みを2目編み、針に糸をかけて全部のループを一度に引き抜く。

51 こま編み1目、くさり編み3目、長編み2目の玉編みをくり返す。

長々編み2目の玉編み

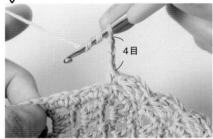

52 Aのボタン穴のところは長々編み2目の玉編みを編む（Bは他と同様に長編みの玉編みを編む）。くさり編みを4目編み、針に糸を2回かける。

53 針を入れてくさり2目分の高さまで糸を引き出し、針に糸をかけて2つのループを引き抜く。

54 もう一度針に糸をかけて2つのループを引き抜く。この状態を「未完成の長々編み」と呼ぶ（P.24参照）。

55 未完成の長々編みをもう1目編み、針に糸をかけ、全部のループを一度に引き抜く。

56 続けて2段めを編む。Aはボタン穴の3カ所は長々編みの玉編みで編む。

57 2段めの編み終わりは、1目めのこま編みの頭に針を入れ、糸をかけて引き抜く。

そでぐり

58 そでぐりのわきに新しく糸をつけ、記号図を見てそでぐりにも縁編みを編む。

59 指定の位置にボタンをつける。左前身ごろの裏側にもつける。Aのでき上がり。

Bのひも

60 Bはくさり編みを60目編み、続けてくさりの裏山（P.16参照）に針を入れて引き抜き編みを編む。

61 編んだところ。計4本編む。

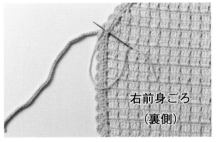

62 ひもの糸端をとじ針に通し、指定の位置に4カ所とじつける。

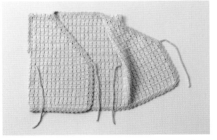

63 Bのでき上がり。Bの模様編みのしまの編み方はP.28・29参照。

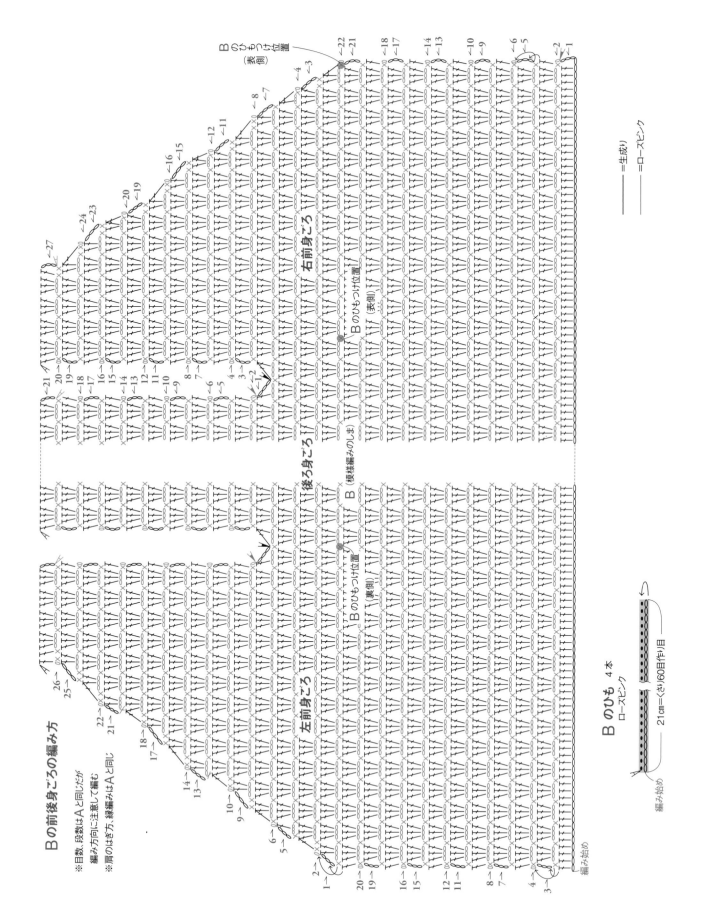

Bの前後身ごろの編み方

※目数、段数はAと同じだが
編み方向に注意して編む
※肩のはぎ方、縁編みはAと同じ

B の前後身ごろと同じ

右前身ごろ

Bのひもつけ位置
（表側）

後ろ身ごろ
（模様編みのしま）

B

Bのひもつけ位置
（裏側）

左前身ごろ

Bのつけ位置
（表側）

Bのひも　4本
ローズピンク

21cm＝くさり60目作り目

編み始め

編み始め

―――＝生成り
―――＝ローズピンク

※胴着Bの模様編みのしまの編み方ポイントを解説しています。
※模様編みのしま以外は、胴着Aを参照して編みます。

1段め

表側

❶ P.22の❶〜❾を参照して生成りの糸で1段めまで編んだら、針をはずして編み終わりの目に段目リングを入れて休ませる。

❹ ❷と同じところに針を入れ、こま編みを編む。

3段め

裏側

交差させる

❼ 編み地を裏返し、生成りの糸とピンクの糸を交差させる。ピンクの糸は切らずに休ませておく。

4段め

裏側

❿ 編み地を返さずに、針を3段めの立ち上がりのくさり目と隣の長編みの間に入れ、ピンクの糸をかけて引き出す。

2段め

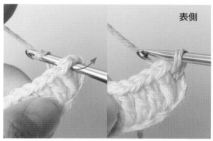

表側

❷ 編み地を返さずに、1段めの立ち上がりのくさり目と隣の長編みの間に針を入れ、ピンクの糸をかけて引き出す。
※2段めも編み地の表側を見て編みます。

❺ くさり編みを3目編み、長編み3目分あけて目と目の間にこま編みを編んでいく。

❽ 生成りの糸で立ち上がりのくさり編みを3目編む。
※編み地を裏に返してから、生成りの糸で立ち上がりのくさり編みを編みます。

⓫ 立ち上がりのくさり編みを1目編む。
※4段めも編み地の裏側を見て編みます。

❸ 立ち上がりのくさり編みを1目編む。

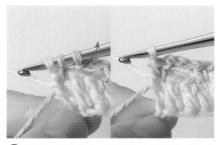

❻ 2段めの最後のこま編みを引き抜くときに、休めておいた生成りの糸にかえて引き抜く。

❾ 前段のくさり編みの全体をすくって、長編みを3目編み入れる。編み終わりは❶と同様に段目リングを入れて休ませる。

⓬ 続けて4段めを編んでいく。このように2段ごとに編み地の方向をかえて編む（糸を切らずに編める）。

レッグウォーマー

用意するもの

糸　ハマナカ ポーム《無垢綿》ベビー (25g玉巻)
　　生成り (11) 40g
　　ハマナカ ポームベビーカラー (25g玉巻)
　　ローズピンク (306) 25g
針　ハマナカアミアミ両かぎ針ラクラク5/0号
ゲージ　模様編みのしま　8模様、16段＝10cm角
サイズ　筒まわり19cm　丈23.5cm

編み方　糸は1本どりで、指定の配色で編みます。

1　くさり45目作り目して輪にし、模様編みのしまで増減なく
　　33段編みます。
2　上下に縁編みを編みます。

凡例
- ○ ＝くさり編み
- × ＝こま編み
- ⊤ ＝長編み
- ⬯ ＝長編み2目の玉編み
- ● ＝引き抜き編み
- —— ＝生成り
- —— ＝ローズピンク
- ⟋ ＝糸をつける
- ⟋ ＝糸を切る

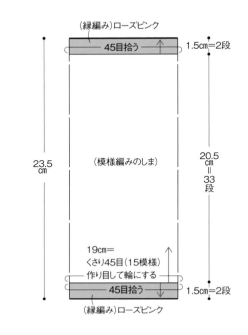

(縁編み)ローズピンク
45目拾う　1.5cm＝2段

(模様編みのしま)　23.5cm　20.5cm＝33段

19cm＝くさり45目(15模様)
作り目して輪にする
45目拾う　1.5cm＝2段
(縁編み)ローズピンク

模様編みと縁編み

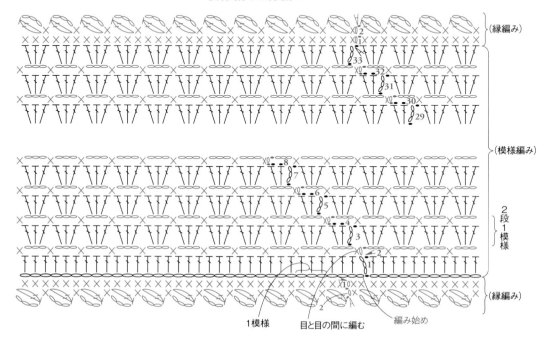

(縁編み)

(模様編みのしま)

2段1模様

(縁編み)

1模様　　目と目の間に編む　　編み始め

※模様編みは糸を切らずに裏側に渡しながら編む

作り目

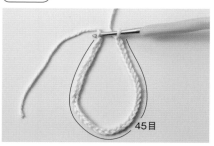

❶ 生成りの糸で作り目のくさり編みを45目編み、1目めのくさり目の向こう側半目に針を入れて引き抜き編みを編んで輪にする。

1段め

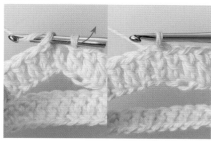

❷ くさり目の向こう側半目に針を入れ、長編みを1目ずつ編む。編み終わりは、立ち上がりのくさり3目めに針を入れて引き抜く。

2段め

❸ 1段めの立ち上がりのくさり目と隣の長編みの間に針を入れ、ピンクの糸をかけて引き出す。生成りの糸は切らずに休めておく。

❹ 引き出したところ。

❺ ピンクの糸で立ち上がりのくさり編みを1目編み、❸と同じところに針を入れ、こま編みを編む。

❻ くさり編み3目、こま編み1目をくり返す。2段めの編み終わりは、1目めのこま編みの頭に引き抜く。

3段め

❼ 前段のくさり編みの全体をすくって、休めておいた生成りの糸で引き抜く。ピンクの糸は切らずに休めておく。

❽ 続けて立ち上がりのくさり編みを3目編み、3段めを編む。

❾ 3段めの編み終わりは、立ち上がりのくさり3目めに針を入れて引き抜き、続けて隣の長編み、その隣の長編みの頭にも引き抜く。
※編み始め位置を調整するため。

4段め

❿ 前段の長編みと長編みの間に針を入れ、ピンクの糸をかけて引き抜く。

⓫ 立ち上がりのくさり編みを1目編み、同様に編んでいく。

⓬ 編み地の裏側。生成りの糸もピンクの糸も切らずに編むので、糸が裏側に渡る。

セレモニードレスとボンネット

 0〜6か月

編み方 → セレモニードレス34ページ／ボンネット37ページ

退院のときやお宮参りなどに着せてあげたい、
特別な日のためのドレスとボンネットのセットです。
はじめての人にもできるだけ簡単に編めるようにデザインしました。

デザイン／川路ゆみこ
糸／ハマナカ ボーム《無垢綿》ベビー

セレモニードレス

用意するもの

糸　ハマナカ ポーム《無垢綿》ベビー（100g玉巻）
　　生成り（411）265g

針　ハマナカアミアミ両かぎ針ラクラク5/0号

その他　直径1.1cmのボタン9個
　　　　ゴムカタン糸1m

ゲージ　模様編みA　20目、13段＝10cm角
　　　　模様編みB　1模様＝3.3cm
　　　　（1～4段めを除く）
　　　　10段＝10cm

サイズ　胸囲53.5cm　着丈54.5cm　ゆき32.5cm

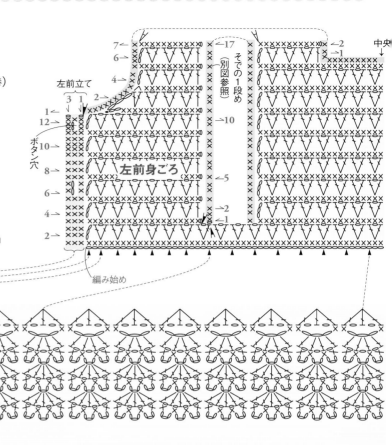

左前身ごろ

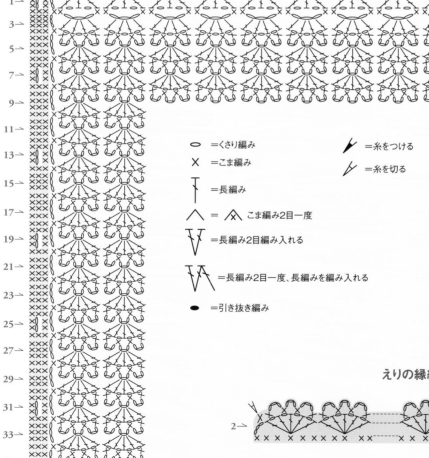

1模様

○ ＝くさり編み

✕ ＝こま編み

┃ ＝長編み

∧ ＝ こま編み2目一度

＝長編み2目編み入れる

＝長編み2目一度、長編みを編み入れる

● ＝引き抜き編み

✎ ＝糸をつける

✎ ＝糸を切る

えりの縁編み

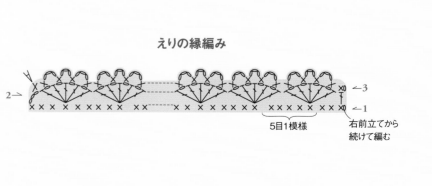

5目1模様

右前立てから
続けて編む

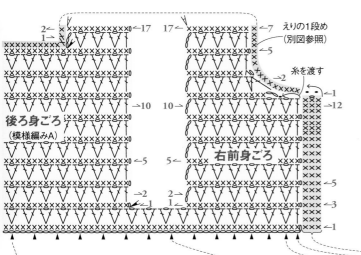

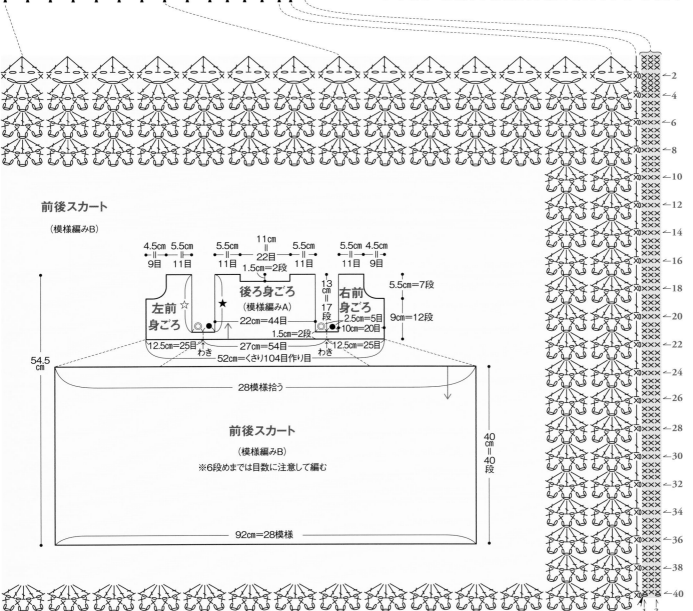

編み方　糸は1本どりで編みます。

1 前後身ごろはくさり104目を作り目し、模様編みAで編みますが、そでぐりからは左右前身ごろ、後ろ身ごろを分けて編みます。

2 前後スカートは前後身ごろから拾い目し、模様編みBで編みますが、6段めまでは図のように目数を増しながら編み、7段め以降は5・6段めをくり返して編みます。

3 肩を全目の巻きかがりではぎ合わせます。

4 そではそでぐりから拾い目し、模様編みAを往復に増減なく編みます。そで下をくさりとじにし、そで下の合印をかがります。そで口に縁編みを輪に編みます。

5 前立ては前端から拾い目し、左前立て(ボタン穴をあける)、右前立ての順にこま編みで編みます。右前立てから続けてえりを縁編みで編みます。

6 そで口にゴムカタン糸を通し、前立てにボタンをつけます。

後ろ身ごろ (模様編みA)
右前身ごろ
えりの1段め (別図参照)
糸を渡す

前後スカート
(模様編みB)

4.5cm 5.5cm
9目 11目
5.5cm
11目
11cm = 22目
5.5cm
11目
5.5cm 4.5cm
11目 9目

1.5cm=2段

左前身ごろ
後ろ身ごろ (模様編みA)
右前身ごろ

22cm=44目
1.5cm=2段
27cm=54目
12.5cm=25目　わき
52cm=くさり104目作り目
12.5cm=25目　わき

13cm = 17目
2.5cm=5目
10cm=20目

5.5cm=7段
9cm=12段

28模様拾う

前後スカート
(模様編みB)
※6段めまでは目数に注意して編む

54.5cm

40cm = 40段

92cm=28模様

右前立て

35

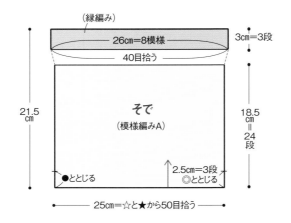

（縁編み）

26cm=8模様

3cm=3段

40目拾う

21.5
cm

そで
（模様編みA）

18.5
cm
=
24
段

●ととじる
◎ととじる
2.5cm=3段

25cm=☆と★から50目拾う

そで

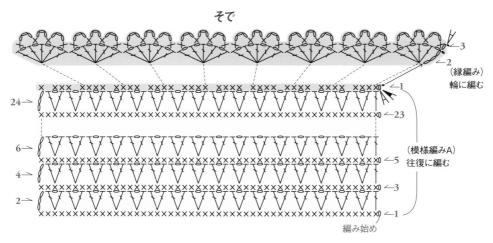

（縁編み）
輪に編む

←3
←2
←1
←23

24→
6→
4→
2→

O→5
O→3
O→1

（模様編みA）
往復に編む

編み始め

えり
（縁編み）

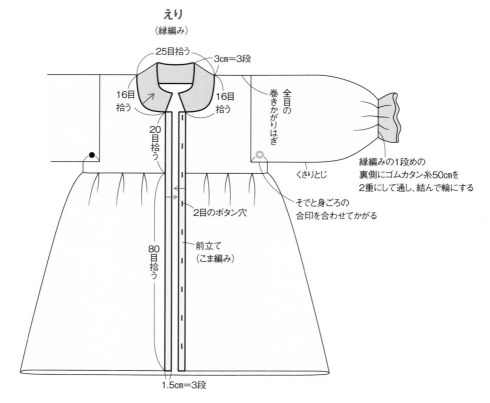

25目拾う
3cm=3段

16目
拾う
16目
拾う

20
目
拾
う

全目の
巻きかがりはぎ

くさりとじ

縁編みの1段めの
裏側にゴムカタン糸50cmを
2重にして通し、結んで輪にする

そでと身ごろの
合印を合わせてかがる

80
目
拾
う

2目のボタン穴

前立て
（こま編み）

1.5cm=3段

ボンネット

用意するもの

糸　ハマナカ ポーム《無垢綿(ムクワタ)》ベビー (25g玉巻)
　　生成り (11) 35g
針　ハマナカアミアミ両かぎ針ラクラク5/0号
その他　幅0.9cmのサテンリボン1m
ゲージ　模様編みA　20目、13段=10cm
　　　　模様編みB　1模様=3.3cm　6段=6cm
サイズ　図参照

編み方　糸は1本どりで編みます。

1　くさり20目を作り目し、模様編みAで後ろ側から編みます。

2　続けて側面と頭頂を模様編みAで編み、顔まわりを模様編みBで編みます。

3　リボン通しは顔まわり以外から拾い目し、縁編みで編みます。

4　リボンを通します。

ボンネット

2cm=3段
12目拾う
顔まわり(模様編みB)
36cm=11模様
6cm=6段

16目拾う
側面　　頭頂(模様編みA)　　側面
34cm=68目
24目拾う　　24目拾う
後ろ側

8.5cm=11段

12cm=16段

2cm=3段

10cm=くさり
20目作り目
19目拾う

リボン通し
(縁編み)

34cm
39cm

リボンを通す

リボン通し
(縁編みB)
リボンを通す
3　1
5
3
1

(模様編みB)

編み終わり
2
←6
←4
←2

←11
1模様

ボンネット
(模様編みA)

10
8
6
4
2

9
7
5
3
1

16→
14→
12→
10→
8→
6→
4→
2→

←15
←13
←11
←9
←7
←5
←3
←1

編み始め

○=くさり編み
×=こま編み
⊤=長編み
∧=こま編み2目一度
Ｖ=長編み2目編み入れる
●=引き抜き編み
╱=糸をつける
╱=糸を切る

【前後身ごろを編みます】

❶ 作り目のくさり編みを104目編み、模様編みAで2段めまで編む。

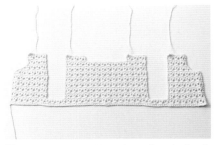

❷ 3段めから左右前身ごろ、後ろ身ごろを分けて編む。

【前後スカートを編みます】

❸ 編み地の上下の向きをかえ、糸をつけて前後スカートを模様編みBで編む。

❹ 1段めは記号図を見て、前後身ごろの作り目の指定の位置に目を編み入れる。

❺ 6段めまでは目数を増しながら編み、7段め以降は増減なく編む。

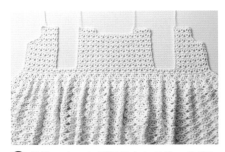

❻ 前後スカートが編めたところ。自然にギャザーが寄る。

【肩をはぎ合わせます】

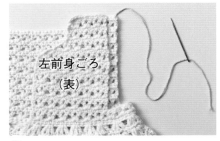

❼ 前後身ごろを外表に合わせ、後ろ身ごろの残した糸をとじ針に通す。

全目の巻きかがり

❽ 手前側（左前身ごろ）の端の目（こま編みの頭）に向こう側から針を入れる。

❾ 向こう側（後ろ身ごろ）の端の目（こま編みの頭）に針を入れ、手前側の端の目の（❽と同じところ）に入れて糸を引く。

❿ 次の目から1目ずつ編み目の頭全部を向こう側からすくって引きしめる（＝全目の巻きかがり）。

⓫ 端の目まではぎ、最後は同じ目にもう一度針を入れ、糸を編み地の裏側に出して始末する。

⓬ 右肩も残した糸で同様に巻きかがる。

【そでを編んでとじます】

⑬ 糸をつけ、そでぐりから拾い目する。

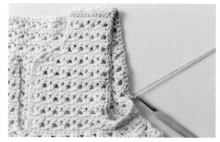

⑭ 1段編んだら編み地を裏返し、模様編みAで往復に増減なく編む。

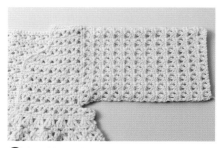

⑮ 編み終わったところ。そで口の縁編みはまだ編まない。

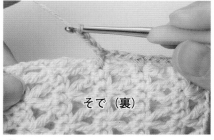

そで（裏）

⑯ そでを中表に合わせ、くさりとじ（くさり編み3目、こま編み1目）でとじ合わせる。

身ごろ（裏）

ここを合わせてかがる

⑰ 3段分手前までとじたら糸をとじ針に通し、身ごろの合印と合わせてかがる。

⑱ 表に返し、そで口に縁編みを輪に編む。

【前立てとえりを編みます】

左前身ごろ（表）

⑲ 左前身ごろのえりぐり側に糸をつけ、前端から拾い目し、左前立てを編む。

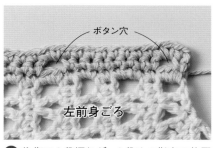

ボタン穴

左前身ごろ

⑳ 往復で3段編むが、2段めの指定の位置ではボタン穴をあけて編む。

右前身ごろ

㉑ 右前立ては前後スカートの右下に糸をつけて編み始め、往復に3段編む。糸は切らないでおく。

【仕上げます】

㉒ 引き抜き編みを2目編み、右前立てから続けてえりを編む。

㉓ えりを往復に3段編む。

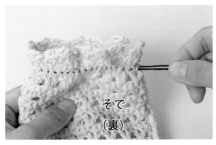

そで（裏）

㉔ そで口の縁編みの1段めの裏側にゴムカタン糸をとじ針で通し、ギャザーを寄せて結んで輪にする。ボタンをつける。
※ゴムカタン糸は色をかえています。

ソックス型シューズ

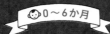

編み方 → 41ページ

足首のフリルがかわいらしい、ソックス型のベビーシューズ。
赤ちゃんの小さな足をやさしく包み込みます。
抱っこひもでお出かけするときの、足元のおしゃれに。

デザイン／ミドリノクマ
糸／ハマナカ かわいい赤ちゃん〈ピュアコットン〉

ソックス型シューズ

用意するもの

糸　ハマナカ かわいい赤ちゃん〈ピュアコットン〉(40g玉巻)
　　水色(4)20g　白(1)10g
針　ハマナカアミアミ両かぎ針ラクラク4/0号
ゲージ　模様編み　25目=10cm　5段=3.5cm
サイズ　足のサイズ10cm

編み方　糸は1本どりで、指定の配色で編みます。

1 底はくさり15目作り目し、こま編み、中長編み、長編
　みで図のように編みます。

2 続けて側面を模様編みで編みます。

3 色をかえてフリルを拾い目し、長編みとくさり編みで
　編みます。

4 ひもはくさり1目作り目し、図のように2本編み、フリ
　ルに通します。

5 もう片方も同様に編み、ひも通し位置を対称にします。

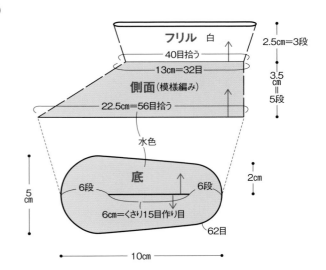

フリル　白
40目拾う
2.5cm=3段
13cm=32目
側面(模様編み)
3.5cm=5段
22.5cm=56目拾う
水色
2cm
底
6段　6段
5cm
6cm=くさり15目作り目
62目
10cm

=くさり編み
X =こま編み
=中長編み
=長編み
=長編みのすじ編み

V = こま編み2目編み入れる
∧ = こま編み2目一度
VV =長編み2目編み入れる

=長編み2目一度
=長編み3目の玉編み

=糸をつける
=糸を切る
=引き抜き編み

右足ひも通し位置　　左足ひも通し位置
←3
←2　フリル
←1　白

ひも
2本
白

1.5cm
糸を40cm残して切り、
ひもを通してから
玉編みを編む

約28cm=くさり70目

編み始め
1.5cm

←5
←4　側面
←3　水色
←2
←1

6cm
10cm

62目
底　水色

編み始め

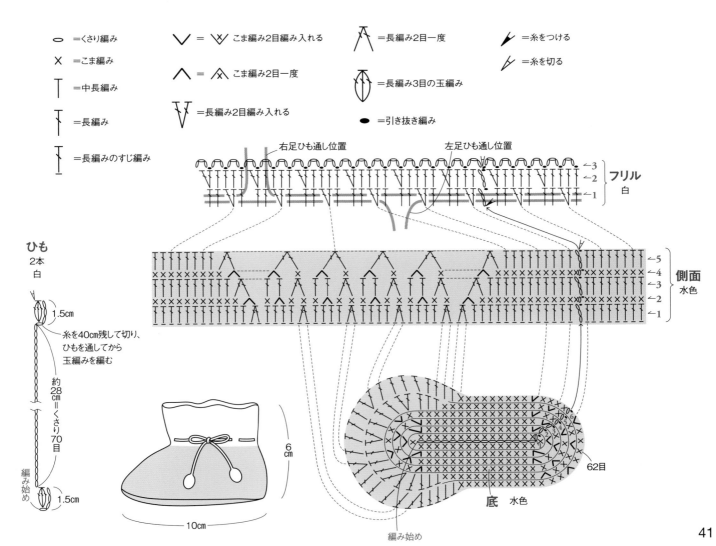

ミトンと
ソックス

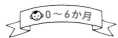 0〜6か月

編み方 → 44ページ

生まれてまもない赤ちゃんの
引っかき防止に役立つミトン。
口に入れたりすることもあるので、
安心な素材で編んであげましょう。
おそろいのソックスも作りました。

デザイン／岡まり子
糸／ハマナカ ポーム《無垢綿》ベビー

ベビーキャップ

12〜24か月

編み方 →46ページ

陽射しや北風から赤ちゃんを守ってくれる帽子は、
コットンヤーンで編めば、一年中活躍します。
トップを細長く編んでひと結びする、かわいいデザインです。

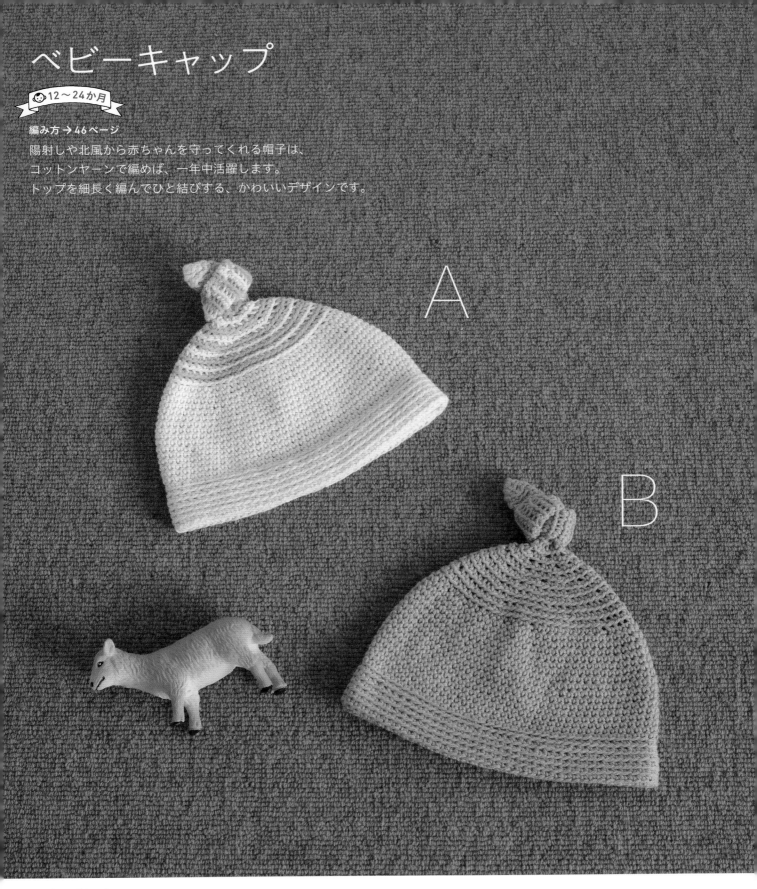

A

B

デザイン／宇野千尋
糸／Aハマナカ ポーム《無垢綿》ベビー、ハマナカ ポームベビーカラー　Bハマナカ ポーム《彩土染め》

ミトンとソックス

ミトン

ソックス

用意するもの

糸　ハマナカ ポーム《無垢綿(ムクワタ)》ベビー（25g玉巻）
　　生成り（11）ミトン20g　ソックス25g
針　ハマナカアミアミ両かぎ針ラクラク5/0号
ゲージ　長編み　22目、11段＝10cm角
サイズ　図参照

編み方　糸は1本どりで編みます。

ミトン
1　くさり26目作り目して輪にし、長編みと模様編みで図のように編みます。
2　作り目から拾い目し、縁編みを編みます。
3　ひもを編んで通します。同様にもう1枚編みます。

ソックス
1　くさり26目作り目して輪にし、長編みと模様編みでかかと穴（3段めまで編んだら別糸をつけてくさり11目作り目する）をあけながら図のように編みます。
2　かかとはかかと穴から拾い目し、長編みで編みます。
3　作り目から拾い目し、縁編みを編みます。
4　ひもを編んで通します。同様にもう1枚編みます。

ミトン

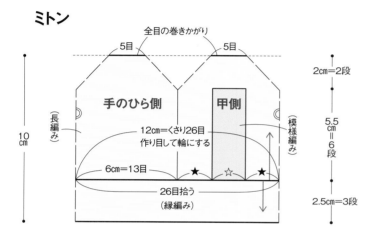

★…2cm＝4目
☆…2cm＝5目

ひも　2本

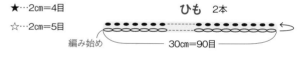

編み始め　30cm＝90目

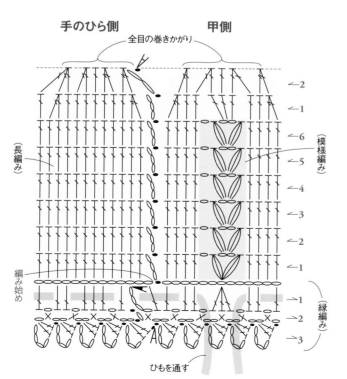

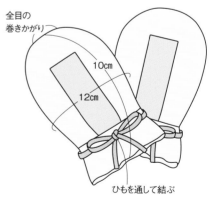

ひもを通して結ぶ

⌒＝くさり編み
✕＝こま編み
|＝長編み
V＝長編み2目編み入れる
V＝長編み3目編み入れる
人＝長編み2目一度
人＝長編み3目一度
◯＝中長編み3目の玉編み
●＝引き抜き編み
＝糸をつける
＝糸を切る

44

ソックス

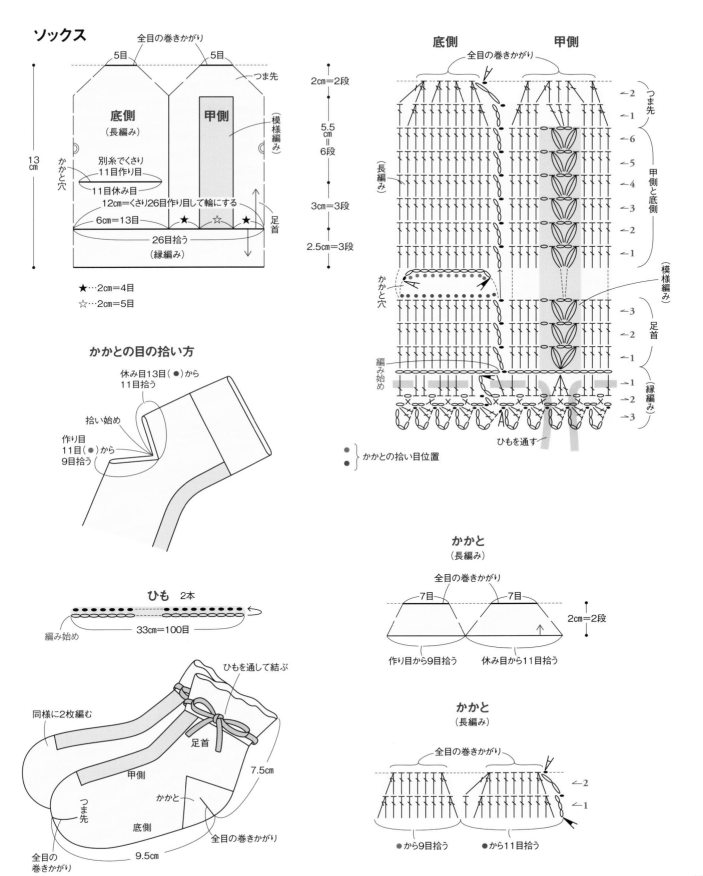

全目の巻きかがり

5目　5目　つま先

底側
（長編み）

甲側

（模様編み）

13cm

かかと穴

別糸でくさり
11目作り目
11目休み目

12cm＝くさり26目作り目して輪にする

6cm＝13目　★　☆　★

26目拾う
（縁編み）

足首

★…2cm＝4目
☆…2cm＝5目

2cm＝2段
5.5cm＝6段
3cm＝3段
2.5cm＝3段

かかとの目の拾い方

休み目13目（●）から
11目拾う

拾い始め

作り目
11目（●）から
9目拾う

底側　甲側

全目の巻きかがり

つま先　←2　←1

甲側と底側　←6　←5　←4　←3　←2　←1

（模様編み）

足首　←3　←2　←1

（長編み）

かかと穴　A

編み始め

（縁編み）　→1　→2　→3

ひもを通す

● } かかとの拾い目位置

ひも　2本

編み始め

33cm＝100目

同様に2枚編む
ひもを通して結ぶ
足首
甲側
つま先
かかと
底側
全目の巻きかがり
全目の巻きかがり
7.5cm
9.5cm

かかと
（長編み）

全目の巻きかがり

7目　7目

2cm＝2段

作り目から9目拾う　休み目から11目拾う

かかと
（長編み）

全目の巻きかがり

←2　←1

●から9目拾う　●から11目拾う

ベビーキャップ

A

B

用意するもの

糸　A ハマナカ ポーム《無垢綿》ベビー (25g玉巻)
　　　生成り (11) 40g
　　　ハマナカ ポームベビーカラー (25g玉巻)
　　　オレンジ色 (305) 5g
　　B ハマナカ ポーム《彩土染め》(25g玉巻)
　　　ライトグレー (45) 45g
針　ハマナカアミアミ両かぎ針ラクラク6/0号
ゲージ　こま編みのすじ編み　18.5目、20段＝10cm角
　　　　こま編み　18.5目、21.5段＝10cm角
サイズ　頭まわり42cm　深さ15.5cm

編み方　糸は1本どりで、Aは指定の配色、Bは単色で編みます。

1 糸端を輪にし、飾りをこま編みのすじ編みで24段編みます。

2 続けてクラウンを図のように増しながらこま編みのすじ編みとこま編みで編みます。

3 見返しを裏側に折り、ゆるめに巻きかがります。

飾り

17cm＝24段※

※飾りは結びやすいようにゆるめに編む

A（こま編みのすじ編みのしま）
B（こま編みのすじ編み）

5cm＝10段

クラウン
15.5cm

7.5cm＝16段

（こま編み）

42cm＝78目

（こま編みのすじ編み）

5.5cm＝11段

5段

見返し

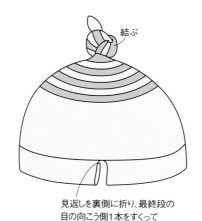

結ぶ

見返しを裏側に折り、最終段の
目の向こう側1本をすくって
ゆるめに巻きかがり

目数と増し方

	段	目数	増し方	
	1~11	78目	増減なし	こま編みのすじ編み
	7~16	78目	増減なし	
	6	78目	6目増す	こま編み
	5	72目	増減なし	
	4	72目	6目増す	
	3	66目	増減なし	
	2	66目	6目増す	
	1	60目	増減なし	
クラウン	10	60目	6目増す	
	9	54目	増減なし	
	8	54目	6目増す	こま編みのすじ編み
	7	48目	増減なし	
	6	48目		
	5	42目		
	4	36目	毎段6目増す	
	3	30目		
	2	24目		
	1	18目		
	6~24	12目	増減なし	
	5	12目	3目増す	
飾り	4	9目	増減なし	
	3	9目	毎段3目増す	
	2	6目		
	1	3目編み入れる		

Aの飾り

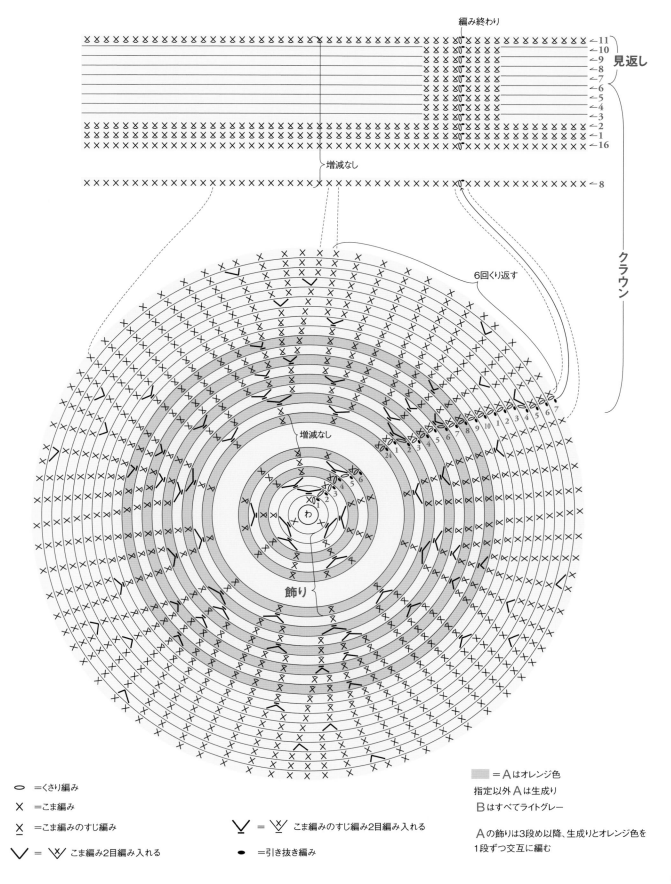

編み終わり
←11
←10
←9　見返し
←8
←7
←6
←5
←4
←3
←2
←1
←16

増減なし
←8

6回くり返す

クラウン

増減なし

飾り

○ =くさり編み

✕ =こま編み

✕ =こま編みのすじ編み

∨ = ∨ こま編み2目編み入れる

∨ = ∨ こま編みのすじ編み2目編み入れる

● =引き抜き編み

▨ =Aはオレンジ色
指定以外Aは生成り
Bはすべてライトグレー

Aの飾りは3段め以降、生成りとオレンジ色を
1段ずつ交互に編む

サンダル型シューズ

編み方 → 49ページ

甲側でひもをリボン結びする、サンダル型のおしゃれなシューズ。
お花のモチーフをつければ、愛らしさが一段とアップします。
オーガニックコットンなので、肌に触れる部分がやさしいのもうれしい。

デザイン／川路ゆみこ
糸／Aハマナカ ポーム《無垢綿》ベビー　Bハマナカ ポーム《彩土染め》

サンダル型シューズ

A

B

用意するもの

糸　A ハマナカ ポーム《無垢綿》ベビー (25g玉巻) 生成り (11) 25g
　　 B ハマナカ ポーム《彩土染め》(25g玉巻) ライトグレー (45) 20g
針　ハマナカアミアミ両かぎ針ラクラク5/0号
ゲージ　こま編み　25目＝10cm　4段＝約2cm
サイズ　足のサイズ9.5cm

編み方　糸は1本どりで編みます。

1　底はくさり14目作り目し、こま編みで編みます。

2　続けて側面をこま編みで4段編み、糸を切ります。指定の
　　位置に糸をつけ、甲部分を残してこま編みを3段編みます
　　が、3段めの始めと終わりにひもを編みつけます。

3　甲は糸端を輪にし、こま編みと長編みで半円形に編み、続
　　けてこま編みを3段往復に編みます。

4　側面と甲を巻きかがりではぎ合わせます。

5　Aは花モチーフを図のように編み、甲に重ねてとじつけます。

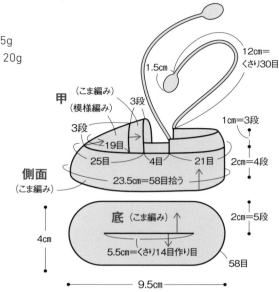

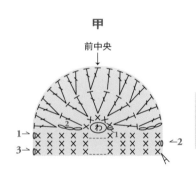

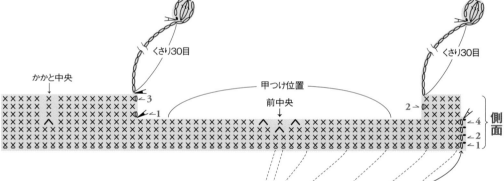

○ =くさり編み

× =こま編み

=長編み

V = こま編み2目編み入れる

W = こま編み3目編み入れる

∧ = こま編み2目一度

=長編み2目編み入れる

=長編み3目の玉編み

=引き抜き編み

=糸をつける

=糸を切る

A の花モチーフ

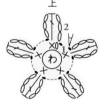

上　　　　下

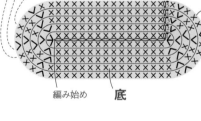

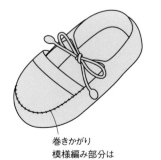

巻きかがり
模様編み部分は
半目をすくってかがる

Aは花モチーフを
重ねてとじつける

ベビーアフガン

編み方 → 52ページ

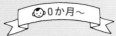

お昼寝や肌寒いときにさっとかけてあげたい、ベビーアフガン。
Bはフードとくま耳をつけて、赤ちゃんを包めるように仕上げました。
赤ちゃんの顔まわりをいっそう愛らしくしてくれます。

A

デザイン／岡まり子　制作／大西ふたば
糸／ハマナカ かわいい赤ちゃん

B

ベビーアフガン

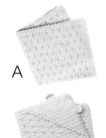

A

B

用意するもの

糸　ハマナカ かわいい赤ちゃん（40g玉巻）
　　A オフホワイト（2）各350g
　　B 黄色（11）370g
針　ハマナカアミアミ両かぎ針ラクラク6/0号
ゲージ　模様編み、長編み　19目、9.5段＝10㎝角
サイズ　80㎝角

編み方　糸は1本どりで編みます。

1 本体はくさり144目作り目し、模様編みで編みますが、1段めは両端で2目ずつ増し目をし、最終段は両端で2目ずつ減らし目をします。

2 Bのフードはくさり1目作り目し、長編みで図のように編み、続けて顔まわりに縁編みを編みます。

3 本体のまわりに縁編みを編みますが、Bはこのときフードを裏側に外表に重ねて編みます。

4 Bの耳はくさり11目作り目して図のように編み、まわりにこま編みを1段編みます。もう1枚同じものを編み、指定の位置にまつりつけます。

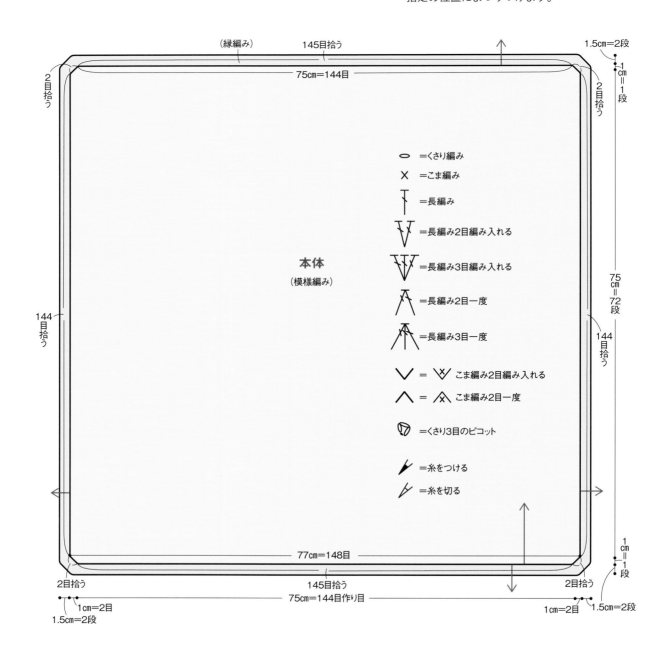

（縁編み）　145目拾う　　　1.5㎝＝2段

75㎝＝144目

2目拾う

2目拾う

1㎝＝1段

本体
（模様編み）

○ ＝くさり編み

✕ ＝こま編み

┬ ＝長編み

⋁ ＝長編み2目編み入れる

⋀ ＝長編み3目編み入れる

⋀ ＝長編み2目一度

⋀ ＝長編み3目一度

⋁ ＝⋈ こま編み2目編み入れる

⋀ ＝⋀ こま編み2目一度

◓ ＝くさり3目のピコット

╱ ＝糸をつける

╱ ＝糸を切る

144目拾う

75㎝＝72段

144目拾う

2目拾う　　145目拾う　　2目拾う

77㎝＝148目

75㎝＝144目作り目

1㎝＝2目
1.5㎝＝2段

1㎝＝1段

1㎝＝2目　1.5㎝＝2段

模様編みと縁編み

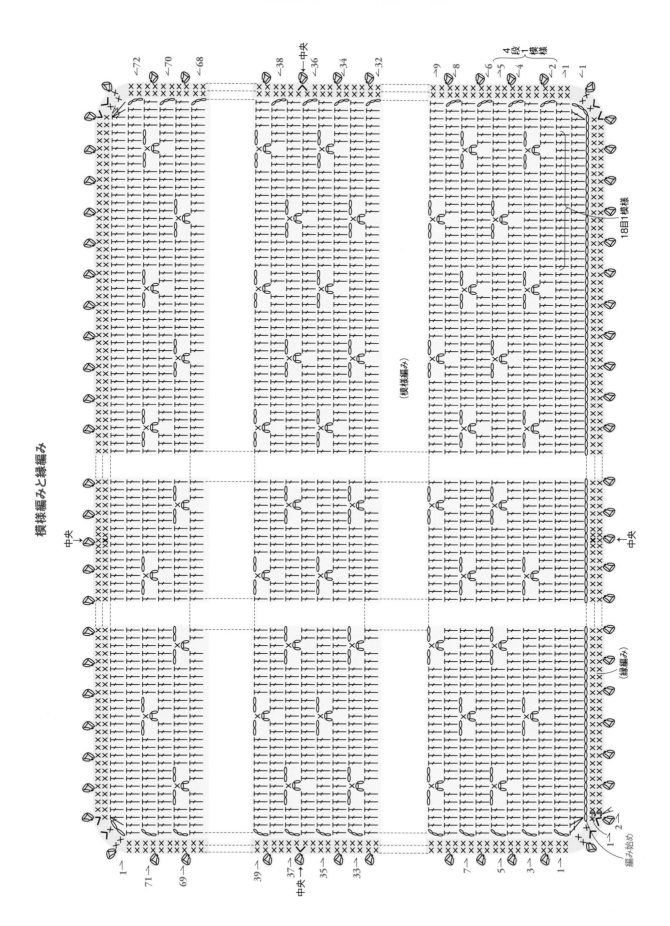

B

フード

フード

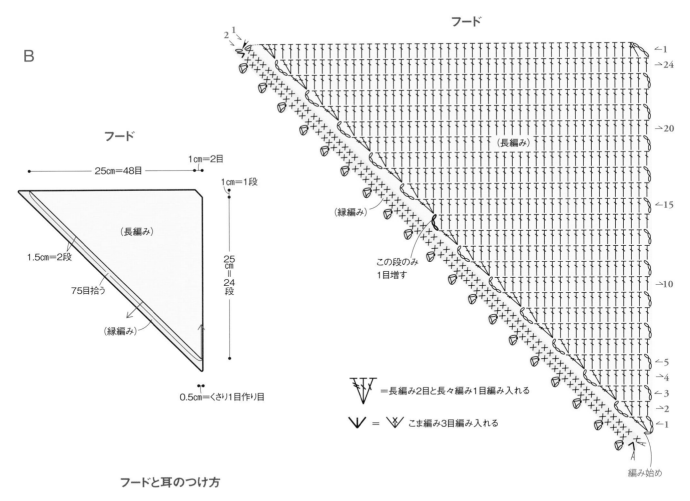

25cm＝48目　　1cm＝2目

1cm＝1段

（長編み）

1.5cm＝2段

75目拾う

（縁編み）

25cm＝24段

0.5cm＝くさり1目作り目

（長編み）

（縁編み）

この段のみ
1目増す

＝長編み2目と長々編み1目編み入れる

＝　こま編み3目編み入れる

編み始め

←24
→20
←15
→10
←5
←4
→3
←2
←1

フードと耳のつけ方

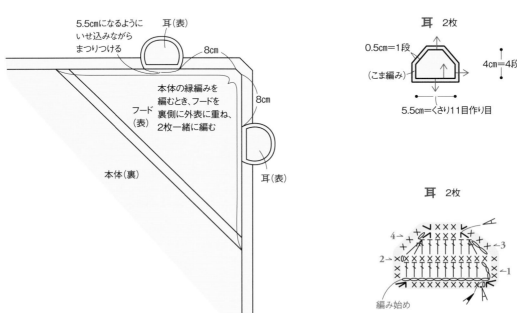

5.5cmになるように
いせ込みながら
まつりつける

耳（表）

8cm

本体の縁編みを
編むとき、フードを
裏側に外表に重ね、
2枚一緒に編む

フード
（表）

8cm

耳（表）

本体（裏）

耳　2枚

0.5cm＝1段

（こま編み）

4cm＝4段

5.5cm＝くさり11目作り目

耳　2枚

4→
2→
←3
←1

編み始め

54

にぎにぎ

編み方 → 56ページ

にぎにぎは、うさぎ、ぞう、きりんの3種類を紹介。
ぞうときりんの中には、やさしい音色のプラ鈴を入れました。
赤ちゃんの笑顔が見られたらうれしいですね。

デザイン／かんのなおみ
糸／ハマナカ ポームコットンリネン

にぎにぎ

うさぎ　ぞう　きりん

用意するもの

糸　ハマナカ ポームコットンリネン（25g玉巻）
　　うさぎ　生成り（201）20g
　　ぞう　生成り（201）15g　ベージュ（202）少々
　　きりん　生成り（201）10g　ベージュ（202）5g
針　ハマナカアミアミ両かぎ針ラクラク5/0号
その他　ハマナカ オーガニックわたわた（50g／H434-301）適宜
　　　　こげ茶の25番刺しゅう糸
　　　　ぞう・きりん　ハマナカ あみぐるみパーツ・プラ鈴
　　　　（H220-926-3）各1個
ゲージ　こま編み　24目＝10cm　22段＝8.5cm
サイズ　図参照

編み方　糸は1本どりで、うさぎは単色、ぞうときりんは指定の配色で編みます。

うさぎ

1　胴体はくさり36目作り目し、こま編みで編みます。顔は胴体の両わきと作り目から拾い目し、輪に編みます。

2　左耳、右耳をそれぞれ拾い目してこま編みで輪に編み、残った目に糸を通して絞ります。

3　耳と顔にわたをつめ、胴体はわたをつめながら巻きかがります。顔を刺しゅうします。

ぞう・きりん

1　胴体は糸端を輪にし、こま編みで色をかえながら編みます。続けて頭を編みますが、途中でわたとプラ鈴を入れ、残りはわたをつめながら編みます。残った目に糸を通して絞ります。

3　耳を編み、ぞうは鼻、きりんは角を編みます。頭に耳、鼻（わたをつめる）、角を縫いつけ、顔を刺しゅうします。

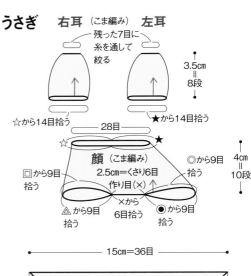

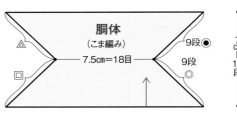

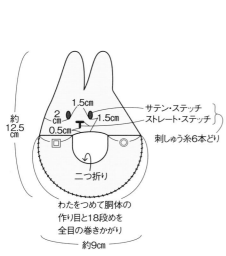

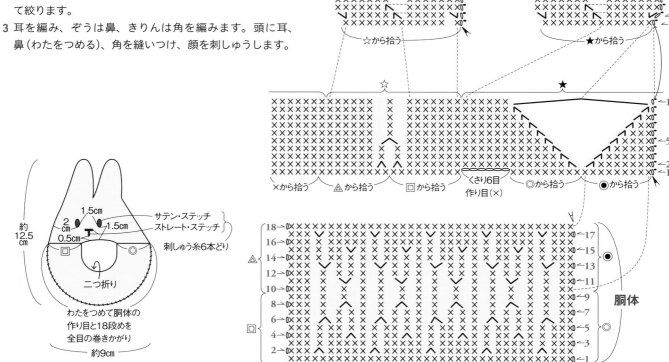

ぞう

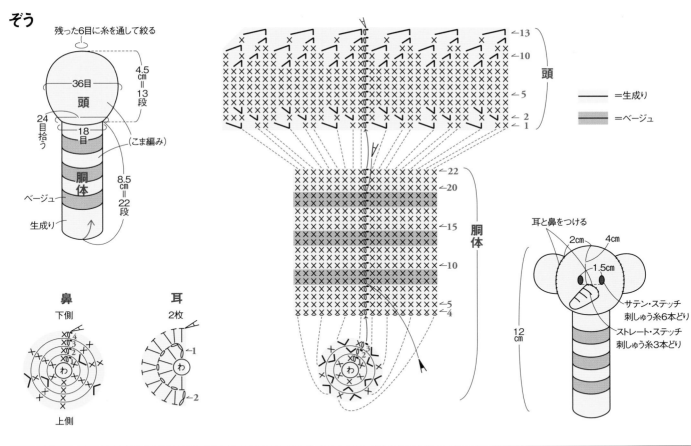

残った6目に糸を通して絞る

36目
頭
4.5cm=13段

24目拾う
18目
(こま編み)
胴体
8.5cm=22段
ベージュ
生成り

＝生成り
＝ベージュ

頭
←13
←10
←5
←2
←1

胴体
←22
←20
←15
←10
←5
←4

鼻
下側
上側
わ
×0 4
×0 3
×0 2

耳
2枚
わ
←1
←2

耳と鼻をつける
2cm
4cm
1.5cm
12cm

サテン・ステッチ
刺しゅう糸6本どり
ストレート・ステッチ
刺しゅう糸3本どり

きりん

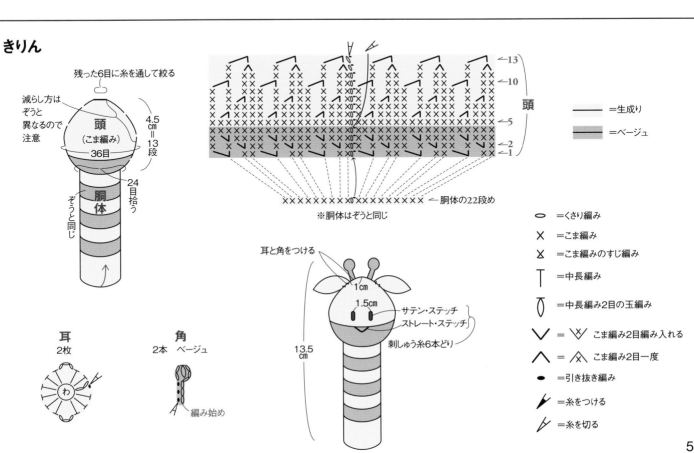

残った6目に糸を通して絞る

減らし方はぞうと異なるので注意

頭
(こま編み)
4.5cm=13段
36目

24目拾う
胴体
ぞうと同じ

頭
←13
←10
←5
←2
←1

←胴体の22段め

※胴体はぞうと同じ

耳と角をつける
1cm
1.5cm
13.5cm

サテン・ステッチ
ストレート・ステッチ
刺しゅう糸6本どり

耳
2枚
わ

角
2本 ベージュ
編み始め

○ ＝くさり編み
× ＝こま編み
Ⅹ ＝こま編みのすじ編み
T ＝中長編み
＝中長編み2目の玉編み
∨ = ∨ こま編み2目編み入れる
∧ = ∧ こま編み2目一度
● ＝引き抜き編み
／ ＝糸をつける
／ ＝糸を切る

57

ヘアバンド

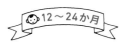

編み方 → 60ページ

Aのクラウンタイプは、
赤ちゃんのお誕生日に編んであげたい。
リボンタイプのBは、
伸びてきた髪をさっとまとめられて便利です。
どちらもすぐに編めるので、
プレゼントにも向いています。

デザイン／橋本真由子
糸／ハマナカ わんぱくデニス

どんぐり帽

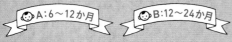

編み方 → 61ページ

トップがちょこんととがったシルエットが人気のどんぐり帽。
サイズと色をかえて2種類紹介しています。
シンプルな編み地なので、初心者の人にもおすすめです。

デザイン／橋本真由子
糸　ハマナカ ポームリリー《フルーツ染め》

ヘアバンド

A

B

用意するもの

糸　ハマナカ わんぱくデニス（50g玉巻）
　　A　うす黄色（3）15g
　　B　ローズピンク（56）20g
針　ハマナカアミアミ両かぎ針ラクラク5/0号
ゲージ　A　模様編み　1模様＝約3.3cm　5段＝5cm
　　　　B　こま編みのすじ編み　21目＝10cm　9段＝5cm
サイズ　頭まわり　A 40cm　B 43cm

編み方　糸は1本どりで編みます。

1　くさりで作り目して輪にし、Aは模様編み、Bは
　こま編みのすじ編みで編みます。

2　Bのベルトはくさり15目作り目し、こま編みで編
　みます。本体にひだをたたみ、ベルトで巻いて巻
　きかがります。

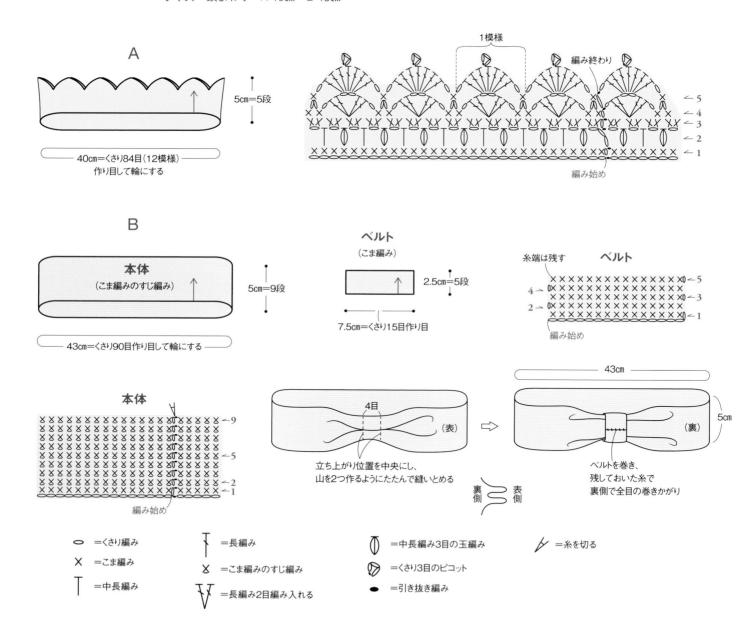

A

5cm＝5段

40cm＝くさり84目（12模様）
作り目して輪にする

1模様　　編み終わり　　編み始め

← 5
← 4
← 3
← 2
← 1

B

本体
（こま編みのすじ編み）

5cm＝9段

43cm＝くさり90目作り目して輪にする

ベルト
（こま編み）

2.5cm＝5段

7.5cm＝くさり15目作り目

糸端は残す　　ベルト

5 →
3 →
1 →

編み始め

本体

← 9
← 5
← 2
← 1

編み始め

4目

立ち上がり位置を中央にし、
山を2つ作るようにたたんで縫いとめる

（表）

裏側　表側

43cm

（裏）

5cm

ベルトを巻き、
残しておいた糸で
裏側で全目の巻きかがり

○ ＝くさり編み
× ＝こま編み
T ＝中長編み

T ＝長編み
X ＝こま編みのすじ編み
V ＝長編み2目編み入れる

＝中長編み3目の玉編み
＝くさり3目のピコット
＝引き抜き編み

＝糸を切る

どんぐり帽

A

B

用意するもの

糸　ハマナカ ポームリリー《フルーツ染め》(25g玉巻)
　　A アプリコット (502) 35g
　　B ブルーベリー (505) 45g
針　ハマナカアミアミ両かぎ針ラクラク5/0号
ゲージ　模様編み　24目、10段＝10cm角
サイズ　A 頭まわり41cm　深さ17.5cm
　　　　B 頭まわり45cm　深さ20cm

編み方　糸は1本どりで編みます。

1 くさりで作り目して輪にし、こま編みのすじ編み
　と模様編みで図のように減らしながら編みます。
2 残った目に糸を通して絞ります。

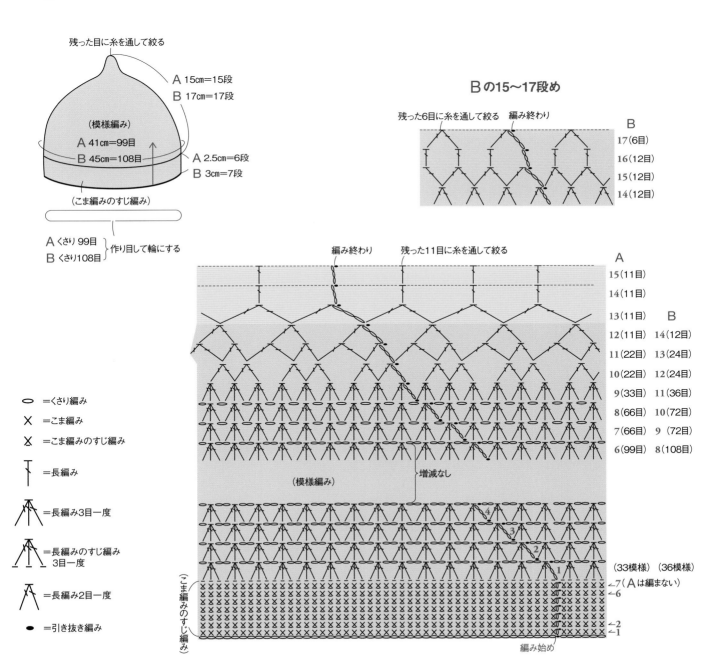

残った目に糸を通して絞る

A 15cm＝15段
B 17cm＝17段

（模様編み）

A 41cm＝99目
B 45cm＝108目

A 2.5cm＝6段
B 3cm＝7段

（こま編みのすじ編み）

A くさり99目
B くさり108目　　作り目して輪にする

○＝くさり編み

✕＝こま編み

✕＝こま編みのすじ編み

┃＝長編み

＝長編み3目一度

＝長編みのすじ編み
　3目一度

＝長編み2目一度

●＝引き抜き編み

Bの15〜17段め

残った6目に糸を通して絞る　編み終わり

B

17（6目）
16（12目）
15（12目）
14（12目）

編み終わり　残った11目に糸を通して絞る

A

15（11目）
14（11目）
13（11目）
12（11目）　　14（12目）
11（22目）　　13（24目）
10（22目）　　12（24目）
9（33目）　　11（36目）
8（66目）　　10（72目）
7（66目）　　9（72目）
6（99目）　　8（108目）

（模様編み）

増減なし

(33模様)　(36模様)

←7（Aは編まない）
←6
←2
←1

（こま編みのすじ編み）

編み始め

ネックウォーマーと耳当て帽子

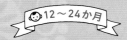

編み方 → 64ページ

首に適度にフィットするネックウォーマーと
耳までしっかり温めてくれる帽子は、冬の防寒アイテム。
小さめのボンボンがアクセントになっています。

デザイン／宇野千尋
糸／ハマナカ アメリー

うさぎとくまのあみぐるみ

編み方 → 66ページ

しましまのお洋服を着た、うさぎとくまのあみぐるみ。
ボディは同じで、色とパーツをかえただけです。
赤ちゃんの最初のお友達として、ぜひ編んであげてください。

デザイン／ミドリノクマ
糸／ハマナカ ポームベビーカラー、ハマナカ ポーム《無垢綿》ベビー

ネックウォーマーと耳当て帽子

ネックウォーマー

耳当て帽子

用意するもの

糸　ハマナカ アメリー（40g玉巻）
　　ネックウォーマー
　　　ナチュラルホワイト（20）、
　　　チャイナブルー（29）各40g　ナツメグ（49）5g
　　耳当て帽子
　　　チャイナブルー（29）50g　ナツメグ（49）10g
針　ハマナカアミアミ両かぎ針ラクラク5/0号
ゲージ　模様編み、模様編みのしま
　　　　8模様、15段＝10cm角
サイズ　ネックウォーマー　幅10.5cm　長さ47cm
　　　　耳当て帽子　頭まわり45cm
　　　　　　　　　　　深さ（後ろ）19cm

編み方　糸は1本どりで、指定の配色で編みます。

ネックウォーマー

1　くさり51目作り目し、模様編みを1段編み、最初の目に引き抜いて輪にします。2段めからは輪に編みますが、しま模様は糸を切らずに裏側に渡しながら編みます。

2　糸端を残して糸を切り、最終段に通して絞ります。1段めも同様に絞ります。

3　ボンボンを作り、両端にとじつけます。

4　ボタンかけループを編み、ボンボンの根元にとじつけます。

耳当て帽子

1　糸端を輪にし、模様編みでクラウンを編みます。

2　指定の位置に糸をつけ、両側で減らしながら後ろを3段編みます。続けて右耳当てを編みます。糸をつけ、左耳当てを編みます。

3　まわりに縁編みを1段編みます。ボンボンを作ってとじつけます。

ネックウォーマー

（模様編み）
ナチュラルホワイト
10cm＝15段

（模様編みのしま）
27cm＝40段

47cm

（模様編み）
チャイナブルー
21cm＝68目
（17模様）に増す
10cm＝15段

くさり51目作り目

立ち上がり位置が内側にくるようにアイロンで整える

直径3.5cmのボンボン
ナチュラルホワイトとチャイナブルー
各1本の2本どり
40回巻き

ボタンかけループをボンボンの根元にとじつける

残しておいた糸を通して絞る

1.5cm

直径3.5cmのボンボンを作ってつける
ナツメグ1本どり、80回巻き

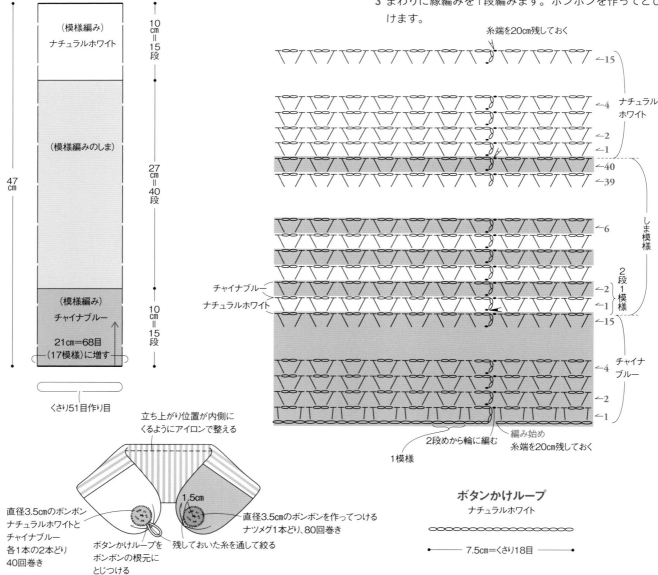

糸端を20cmを残しておく

←15

←4
←2
←1　ナチュラルホワイト

←40
←39

←6

←2　2段1模様
←1

←15

←4
←2　チャイナブルー
←1

チャイナブルー
ナチュラルホワイト

しま模様

1模様

2段めから輪に編む

編み始め
糸端を20cmを残しておく

ボタンかけループ
ナチュラルホワイト

7.5cm＝くさり18目

64

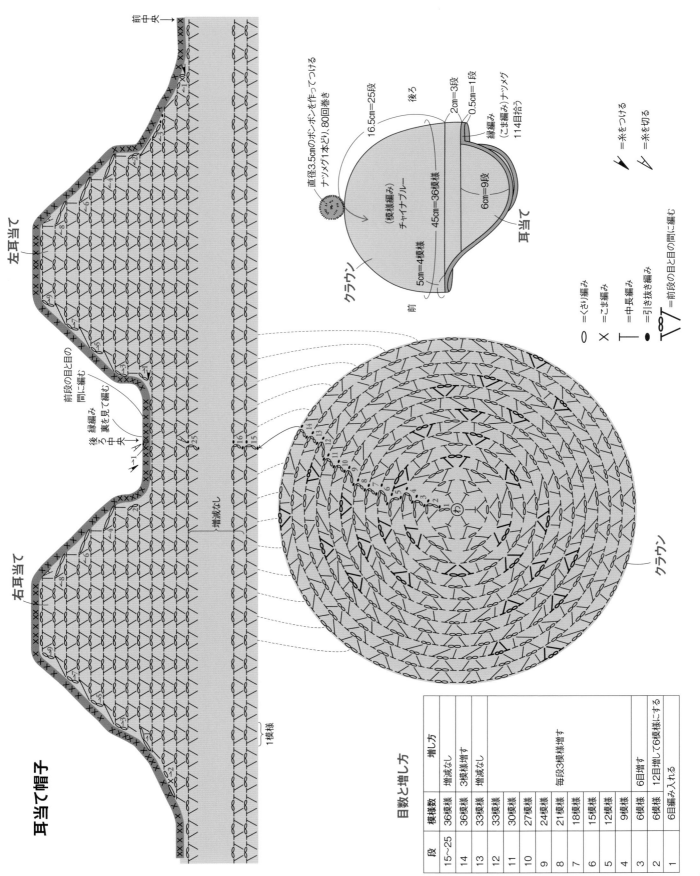

耳当て帽子

目数と増し方

段	模様数	増し方
15~25	36模様	増減なし
14	36模様	3模様増す
13	33模様	増減なし
12	33模様	増減なし
11	30模様	
10	27模様	
9	24模様	
8	21模様	毎段3模様増す
7	18模様	
6	15模様	
5	12模様	
4	9模様	
3	6模様	6目増す
2	6模様	12目増して6模様にする
1	6模様	6目編み入れる

O =くさり編み
X =こま編み
T =中長編み
● =引き抜き編み
=前段の目と目の間に編む
=糸をつける
=糸を切る

うさぎとくまのあみぐるみ

うさぎ

くま

用意するもの

糸　ハマナカ ポームベビーカラー（25g玉巻）
　　うさぎ　ピンク（91）30g　ローズピンク（306）10g
　　くま　黄色（93）25g　水色（95）10g
　　ハマナカ ポーム《無垢綿》ベビー（25g玉巻）生成り（11）各10g
針　ハマナカアミアミ両かぎ針ラクラク5/0号
その他　ハマナカ オーガニックわたわた（50g／H434-301）適宜
　　　　こげ茶の25番刺しゅう糸
　　　　ハマナカ 鳴き笛（丸／H204-493）各1個
ゲージ　こま編み　2目、2段＝約1cm角
サイズ　身長　うさぎ 約27cm　くま 約23cm

編み方　糸は1本どりで、指定の配色で編みます。
1　それぞれのパーツは糸端を輪にし、こま編みで編みます。
2　わたをつめ、図のようにそれぞれのパーツを組み立てますが、胴体には鳴き笛を入れます。
3　顔を刺しゅうします。

頭　うさぎ　ピンク
　　　くま　黄色

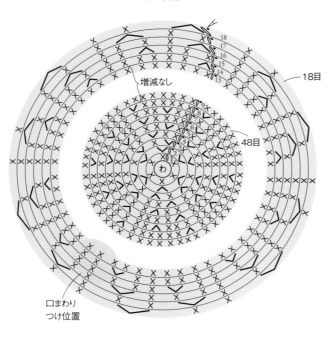

18目

増減なし

48目

口まわり
つけ位置

口まわり
うさぎ　ピンク
くま　黄色

しっぽ
うさぎ　ピンク
くま　黄色

手　2本

　= うさぎ　ピンク　　　くま　黄色
　= うさぎ　ローズピンク　くま　水色
　= 生成り

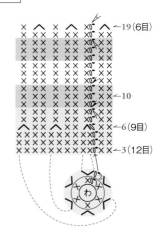

←19（6目）
←10
←6（9目）
←3（12目）

うさぎの耳　2枚
ピンク

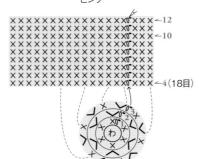

←12
←10
←4（18目）

くまの耳　2枚
黄色

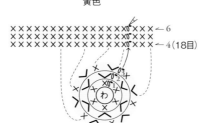

←6
←4（18目）

◯ ＝くさり編み
✕ ＝こま編み
∨ ＝こま編み2目編み入れる
∧ ＝こま編み2目一度
Ⴜ ＝こま編み3目一度
● ＝引き抜き編み
⚲ ＝糸をつける
⚲ ＝糸を切る

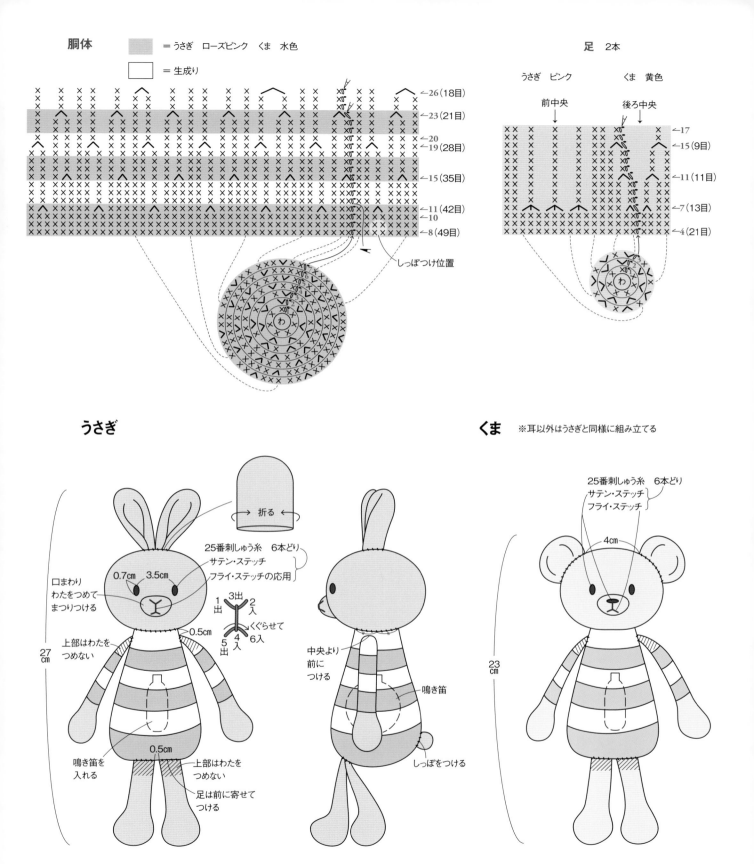

胴体 ▨ = うさぎ　ローズピンク　くま　水色

□ = 生成り

←26 (18目)
←23 (21目)
←20
←19 (28目)
←15 (35目)
←11 (42目)
←10
←8 (49目)

しっぽつけ位置

足　2本

うさぎ　ピンク　　くま　黄色

前中央　　　　後ろ中央

←17
←15 (9目)
←11 (11目)
←7 (13目)
←4 (21目)

うさぎ

折る

25番刺しゅう糸　6本どり
サテン・ステッチ
フライ・ステッチの応用

0.7cm　3.5cm

口まわり
わたをつめて
まつりつける

上部はわたを
つめない

0.5cm

1出　3出　2入
　入
くぐらせて
5出　4入　6入

27cm

鳴き笛を
入れる

0.5cm

上部はわたを
つめない

足は前に寄せて
つける

中央より
前につける

鳴き笛

しっぽをつける

くま　※耳以外はうさぎと同様に組み立てる

25番刺しゅう糸　6本どり
サテン・ステッチ
フライ・ステッチ

4cm

23cm

67

モチーフつなぎのおくるみ

0か月～

編み方 → 69ページ

アフリカンフラワーという花モチーフを
色とりどりにつなぎ合わせたおくるみです。
お昼寝している赤ちゃんにそっとかけてあげたい。

デザイン／橋本真由子
糸　ハマナカ ポームリリー〈フルーツ染め〉

モチーフつなぎのおくるみ

用意するもの

糸　ハマナカ ポームリリー《フルーツ染め》(25g玉巻)
　　洋なし (501) 130g　メロン (504) 60g
　　ブルーベリー (505) 45g
　　アプリコット (502)、ぶどう (506) 各40g
　　レモン (503) 30g
針　ハマナカアミアミ両かぎ針ラクラク5/0号
モチーフの大きさ　9.5cm角
サイズ　68.5cm角

編み方　糸は1本どりで、指定の配色で編みます。

1 モチーフは糸端を輪にし、A、B、Cそれぞれ必要枚数
　を編みます。
2 寸法配置図のように並べ、よこ方向、たて方向の順に
　半目の巻きかがりではぎ合わせます。
3 まわりに縁編みを編みます。

寸法配置図

(モチーフつなぎ) 49枚

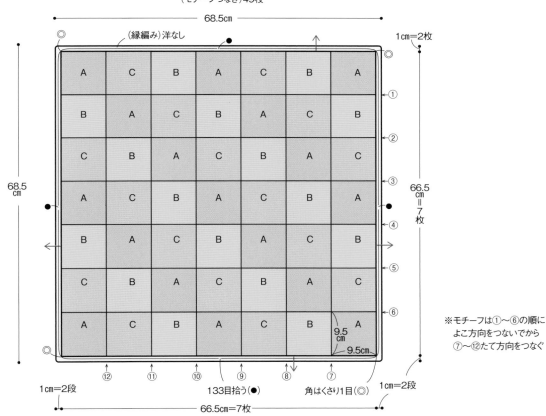

※モチーフは①〜⑥の順に
よこ方向をつないでから
⑦〜⑫たて方向をつなぐ

1cm＝2段　133目拾う(●)　角はくさり1目(◎)

モチーフの配色と必要枚数

段	A	B	C
1	レモン	レモン	レモン
2			
3	ブルーベリー	アプリコット	ぶどう
4			
5	洋なし	洋なし	洋なし
6	メロン	メロン	メロン
7	洋なし	洋なし	洋なし
数	17枚	16枚	16枚

モチーフの編み方

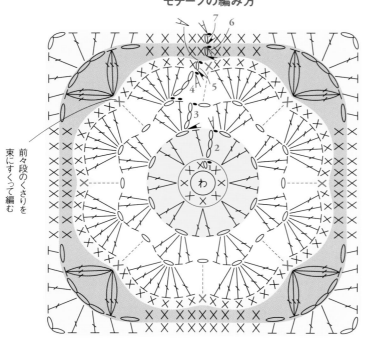

前々段のくさりを束にすくって編む

⌒	=くさり編み
✕	=こま編み
✕	=こま編みのすじ編み
⊤	=中長編み
⊥	=長編み
⋎	=長編み2目編み入れる
⬮	=長編み3目の玉編み
●	=引き抜き編み
↘	=糸をつける
↗	=糸を切る

縁編み

70

【モチーフを編みます】

1・2段め

❶ 糸端を輪にし、こま編みを8目編み入れる。2段めは長編みとくさり編みで編み、編み終わりは引き抜いて糸を切る。

3・4段め

❷ 糸をつけて3段めを編む。長編みはくさり編みを束にすくって（P.23参照）編む。

❸ 3段めの編み終わりを引き抜いたら、隣の長編みとくさり編み（束にすくう）にも引き抜き、4段めの立ち上がりを編む。

❹ 前段のくさり編みを束にすくって長編みを7目編み入れ、引き抜いて糸を切る。

5段め

❺ 糸をつけて5段めを編むが、青のこま編みのところは、前々段のくさり編みを束にすくって編む。

❻ 編んだところ。5段めの続きを編んで糸を切る。

6・7段め

❼ 糸をつけ、こま編み、くさり編み、長編み3目の玉編みで編む。

❽ 7段めも糸をつけて編む。モチーフが1枚編めた。指定の配色で必要枚数編む。

糸の始末

裏側

❾ モチーフを裏返し、残った糸をとじ針に通し、裏側の編み目にくぐらせる。

【モチーフをつなぎます】

❿ よこ方向から丸数字順につなぐ。モチーフを突き合わせに並べ、内側半目に針を入れてつなぐ。角のくさり目も半目すくう。

⓫ よこ方向を全部つないだら、たて方向をつなぐ。モチーフが4枚交差するところは先につないだよこ方向の上に糸を渡す。

【縁編みを編みます】

⓬ 糸をつけ、1段めはこま編みのすじ編み（角のくさり目も半目すくう）、2段めはくさり編みと引き抜き編みでぐるりと編む。

ベスト

12〜24か月

編み方 → 74ページ

ポコポコとした玉編みの編み地がかわいいベスト。
ワンボタンの前あきなので、手軽に脱ぎ着ができて便利です。
ノースリーブとフレンチスリーブ、お好みで選んでください。

A

デザイン／宇野千尋
糸／ハマナカ アメリー

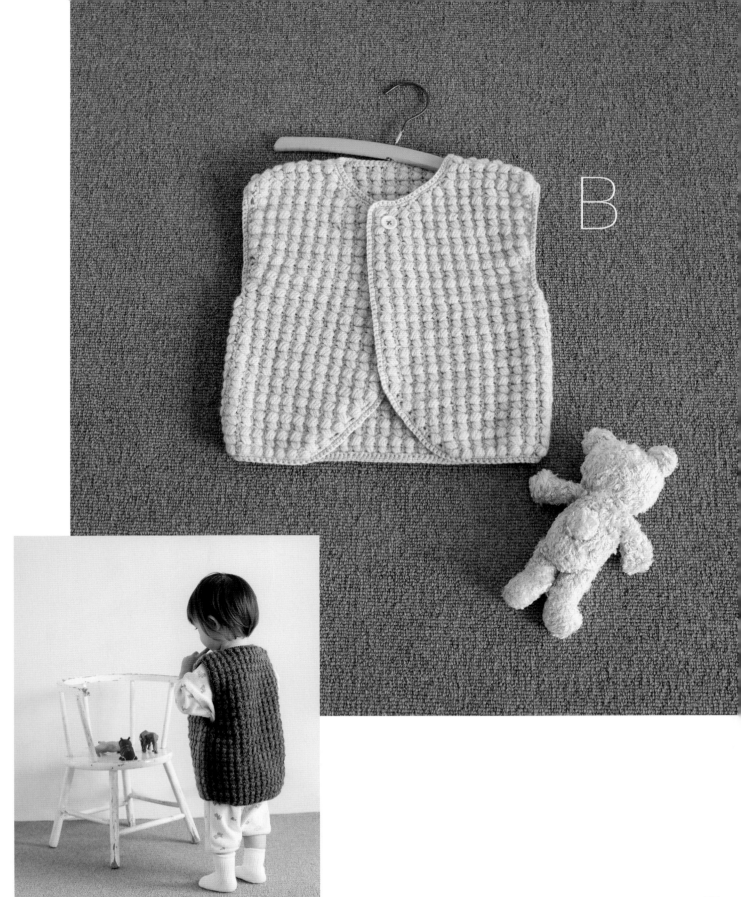

B

ベスト

A

B

用意するもの

糸　ハマナカ アメリー（40g玉巻）
　　A チャコールグレー（30）100g　キャメル（8）、
　　　セラドン（37）各45g
　　B ピーチピンク（28）190g
針　ハマナカアミアミ両かぎ針ラクラク5/0号
その他　直径1.8cmのボタン各1個
ゲージ　模様編み　7模様、10段＝10cm角
サイズ　後ろ幅32cm　着丈37cm　背肩幅A 25cm、B 34cm

編み方　糸は1本どりで、Aは指定の配色、Bは単色で
編みます。

1 前後身ごろはそれぞれくさりで作り目し、模様編みで
　編みますが、左前身ごろにはボタン穴をあけて編みます。

2 肩は引き抜きはぎ、わきはくさりとじにします。

3 えりぐり、前端、すそに続けてこま編みを往復に編み
　ます。

4 そでぐりにもこま編みを往復に編みます。ボタンをつ
　けます。

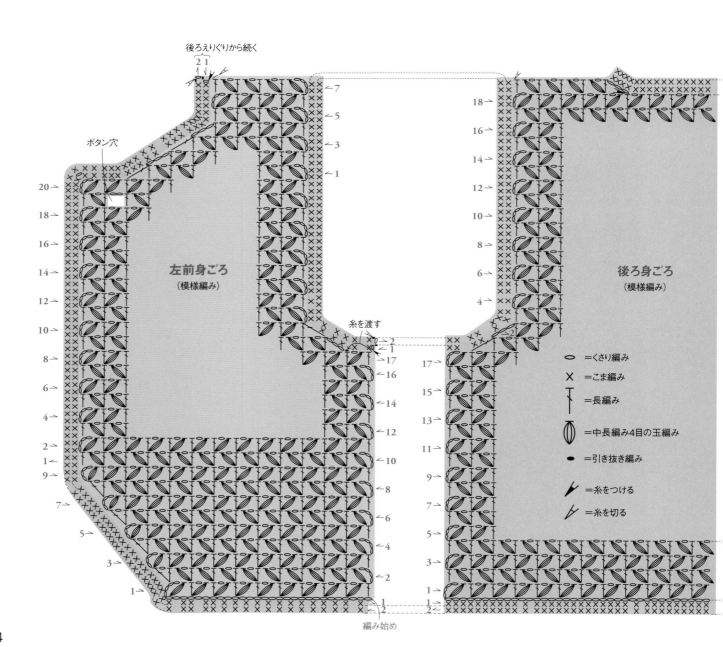

後ろえりぐりから続く

ボタン穴

左前身ごろ
（模様編み）

後ろ身ごろ
（模様編み）

糸を渡す

編み始め

○ ＝くさり編み
✕ ＝こま編み
Ｔ ＝長編み
◖ ＝中長編み4目の玉編み
● ＝引き抜き編み
✔ ＝糸をつける
✔ ＝糸を切る

74

A

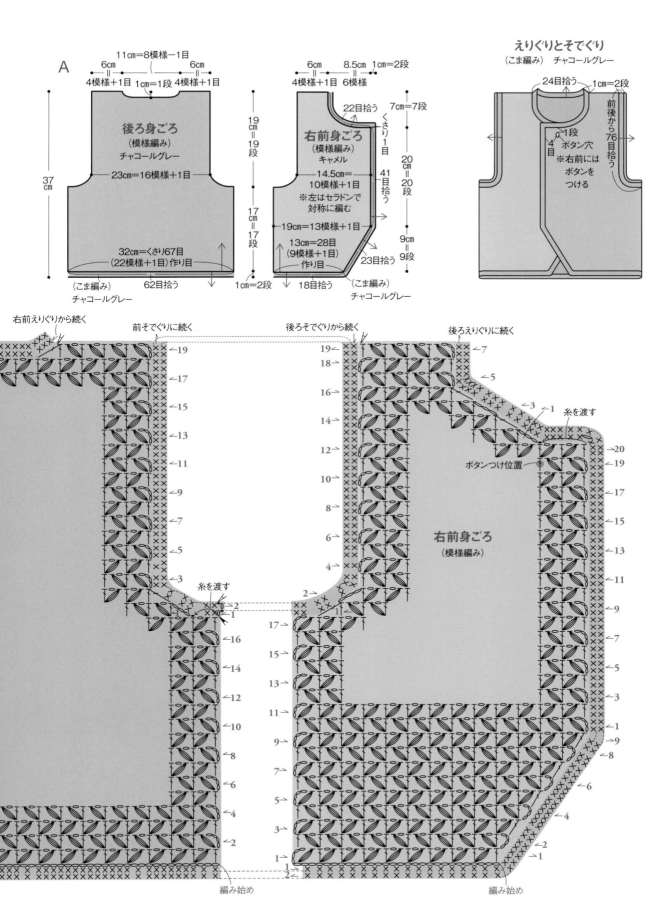

えりぐりとそでぐり
（こま編み）　チャコールグレー

後ろ身ごろ
（模様編み）
チャコールグレー

11cm＝8模様−1目
6cm　　　　　　6cm
＝　　　　　　　　＝
4模様＋1目　1cm＝1段　4模様＋1目

23cm＝16模様＋1目

32cm＝くさり67目
（22模様＋1目）作り目
（こま編み）　　62目拾う
チャコールグレー

37cm

19cm＝19段
17cm＝17段

1cm＝2段

右前身ごろ
（模様編み）
キャメル

6cm　　8.5cm　　1cm＝2段
＝
4模様＋1目　6模様

22目拾う

7cm＝7段
くさり1目

14.5cm＝
10模様＋1目
※左はセラドンで
対称に編む

41目拾う

19cm＝13模様＋1目
13cm＝28目
（9模様＋1目）
作り目

23目拾う

18目拾う
（こま編み）
チャコールグレー

20cm＝20段
9cm＝9段

24目拾う　　1cm＝2段

1段
ボタン穴
4目

前後から76目拾う
※右前には
ボタンをつける

右前えりぐりから続く
前そでぐりに続く
後ろそでぐりから続く
後ろえりぐりに続く

糸を渡す

ボタンつけ位置

右前身ごろ
（模様編み）

糸を渡す

編み始め
編み始め

75

B

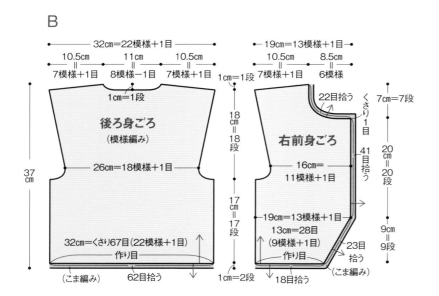

後ろ身ごろ（模様編み）

32cm=22模様+1目
10.5cm = 7模様+1目
11cm = 8模様−1目
10.5cm = 7模様+1目
1cm=1段
1cm=1段
26cm=18模様+1目
32cm=くさり67目（22模様+1目）
作り目
（こま編み）　62目拾う
18cm=18段
17cm=17段
1cm=2段

右前身ごろ

19cm=13模様+1目
10.5cm = 7模様+1目
8.5cm = 6模様
22目拾う
くさり1目
16cm=11模様+1目
41目拾う
19cm=13模様+1目
13cm=28目（9模様+1目）
作り目
23目拾う
（こま編み）
18目拾う
7cm=7段
20cm=20段
9cm=9段

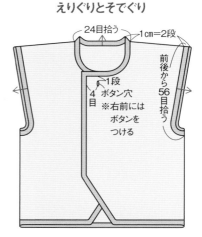

えりぐりとそでぐり

24目拾う
1cm=2段
1段
ボタン穴
4目
※右前にはボタンをつける
前後から56目拾う

Bのそでぐり （前後共通）

※わき丈、えりぐりはAと同じ

18
16
14
12
10
8
6
4
2
17←

1
17
15
13
11
9
7
5
糸を渡す
2
1
3
16

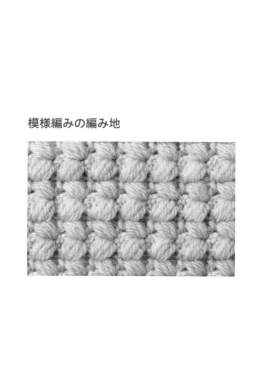

模様編みの編み地

◯ =くさり編み

X =こま編み

┃ =長編み

⬮ =中長編み4目の玉編み

● =引き抜き編み

╱ =糸をつける

╱ =糸を切る

くま・ねこ帽子

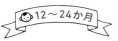

編み方 → 78 ページ

愛くるしいどうぶつの顔をデザインした帽子。
顔や耳などパーツは別に編んで、
あとでとじつけます。
やわらかい毛糸なので締めつけも少なく、
かぶり心地もグッド。

デザイン／岡まり子
糸／ハマナカ アメリー、ハマナカ アメリーエフ《合太》

くま・ねこ帽子

くま

ねこ

用意するもの
糸　ハマナカ アメリー (40g玉巻)
くま ナチュラルブラウン (23) 40g　ベージュ (21) 5g
ねこ マスタードイエロー (3) 40g　ベージュ (21) 5g
ハマナカ アメリーエフ《合太》(30g玉巻) ブラック (524)
各少々
針　ハマナカアミアミ両かぎ針ラクラク6/0号、4/0号
ゲージ　1模様 (11目) = 5.5cm強　9.5段 = 10cm
サイズ　頭まわり45cm　深さ16cm

編み方　糸は1本どりで、指定以外くまはナチュラルブラウン、ねこはマスタードイエローで編みます。針は指定以外6/0号針で編みます。

1 糸端を輪にし、模様編みとこま編みでクラウンを編みます。

2 それぞれ耳、口まわり、目、鼻を編みます。

3 耳を縫いつけ、口まわりをまつりつけます。目と鼻を縫いつけ、口とひげを刺しゅうします。

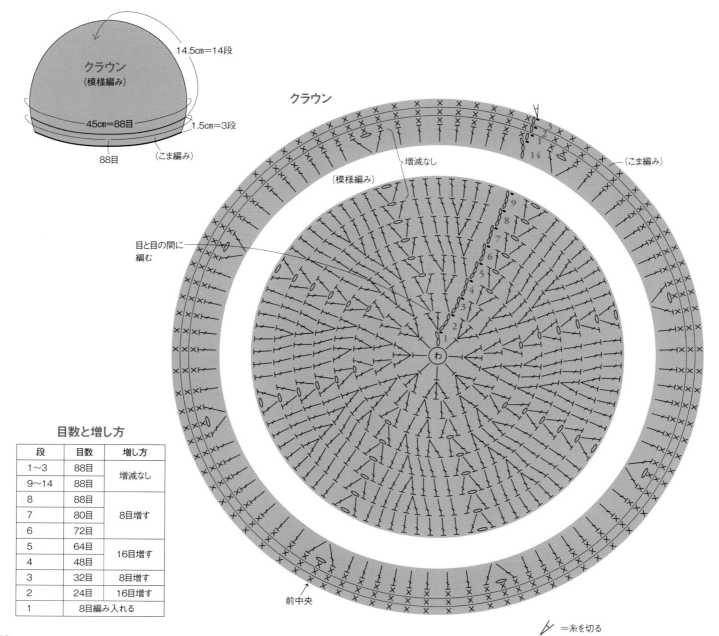

クラウン
（模様編み）

14.5cm＝14段

45cm＝88目

1.5cm＝3段

88目

（こま編み）

クラウン

増減なし

（模様編み）

目と目の間に編む

（こま編み）

前中央

✂ ＝糸を切る

目数と増し方

段	目数	増し方
1〜3	88目	増減なし
9〜14	88目	
8	88目	8目増す
7	80目	
6	72目	
5	64目	16目増す
4	48目	
3	32目	8目増す
2	24目	16目増す
1	8目編み入れる	

くま

くまの耳
2枚

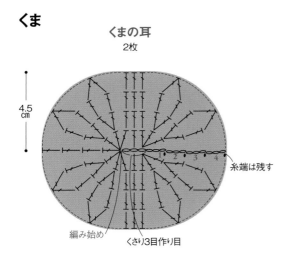

4.5cm

編み始め
くさり3目作り目
糸端は残す
1 2 3 4

くまの口まわり
ベージュ

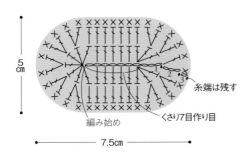

5cm

編み始め
くさり7目作り目
糸端は残す
1 2 3

7.5cm

ねこ

ねこの耳
2枚

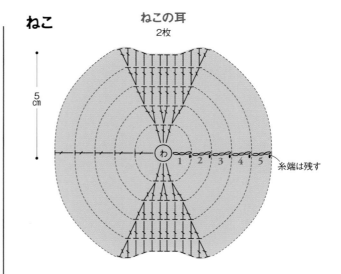

5cm

わ
1 2 3 4 5
糸端は残す

ねこの口まわり
ベージュ

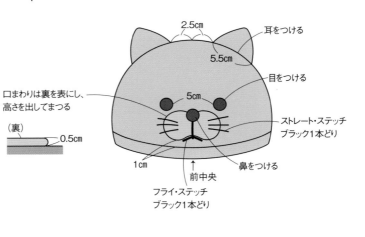

3.5cm

前々段の目に編む(前段の引き抜き編みを編みくるむ)
1 2
糸端は残す
くさり5目作り目
編み始め
前々段の目に編む

6.5cm

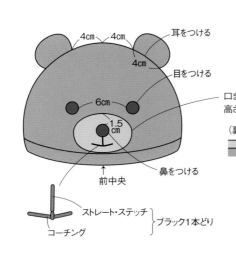

4cm 4cm
耳をつける
4cm
目をつける
6cm
1.5cm
鼻をつける
前中央
ストレート・ステッチ
コーチング
ブラック1本どり

口まわりは裏を表にし、高さを出してまつる

(裏)
0.5cm

2.5cm
耳をつける
5.5cm
目をつける
5cm
ストレート・ステッチ
ブラック1本どり
1cm
前中央
鼻をつける
フライ・ステッチ
ブラック1本どり

目、鼻（くま・ねこ共通）　4/0号針
ブラック
目 各2枚　鼻 各1枚

1.5cm
わ
糸端は残す

○ ＝くさり編み
✕ ＝こま編み
┬ ＝中長編み
┰ ＝長編み
∨ ＝ ∀ ＝こま編み2目編み入れる

∀ ＝長編み2目編み入れる
∀ ＝長編み3目編み入れる
∧ ＝長編み2目一度
● ＝引き抜き編み

79

おもちゃ

編み方→81ページ

左から、にんじんのひも通し、くるまのあみぐるみ、
とりの起き上がりこぼしです。
にんじんはドーナツ状のパーツを通したりはずしたりして遊べます。
どれも赤ちゃんが楽しく遊べるように工夫しました。

デザイン／ミドリノクマ
糸／にんじん ハマナカ ポームベビーカラー　くるま ハマナカ わんぱくデニス　とり ハマナカ ポームベビーカラー

おもちゃ

 くるま とり にんじん

用意するもの

糸 くるま ハマナカ わんぱくデニス（50g玉巻）
A 紺（11）15g　オレンジ色（44）10g
B オレンジ色（44）15g　紺（11）10g
とり ハマナカ ポームベビーカラー（25g玉巻）
ミントブルー（97）20g
にんじん ハマナカ ポームベビーカラー（25g玉巻）
オレンジ色（305）25g　グリーン（302）10g

針 ハマナカアミアミ両かぎ針ラクラク5/0号

その他 ハマナカ オーガニックわたわた
（50g／H434-301）各適宜
とり 直径2.4cmのビー玉
こげ茶の25番刺しゅう糸

ゲージ くるま こま編み 15目＝7.5cm 12段＝6cm
とり、にんじん こま編み 2目、2段＝約1cm弱

サイズ 図参照

編み方 糸は1本どりで、指定の配色で編みます。

くるま

1 側面はくさり15目作り目し、こま編みで2枚編みます。反対側の側面は編み地の裏を表に使います。

2 側面から拾い目し、まちをこま編みで編みます。わたをつめながらまちを巻きかがりではぎ合わせます。

3 タイヤは糸端を輪にし、長編みで編んで側面にとじつけます。

とり

1 重りは糸端を輪にしてこま編みで編みますが、6段めで編んだらビー玉を入れて編み、残った目に糸を通して絞ります。

2 頭と胴体は糸端を輪にし、こま編みで16段めまで編んだら裏返して重りを縫いつけます。表に返し、休めておいた糸で26段めまで編んだらわたをつめます。残りをわたをつめながら編み、残った目に糸を通して絞ります。

3 くちばしはくさり3目で作り目し、図のように編んでとじつけます。目を刺しゅうします。

にんじん

1 a〜dはくさり16目作り目して輪にし、こま編みとこま編みのすじ編みで編みます。わたをつめながら作り目と最終段を巻きかがり、ドーナツ状にします。

2 eは糸端を輪にし、途中で色をかえて図のように編み、22段めを編む前にわたをつめ、最終段を編んで残った目に糸を通して絞ります。eにa〜dを通します。

くるま

側面 2枚 （こま編み）
A オレンジ色　B 紺
※反対側は裏を表に使う

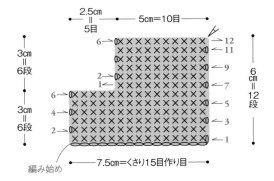

まち 2枚 （こま編み）
A 紺　B オレンジ色

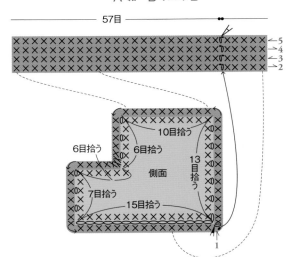

反対側のまちの拾い方

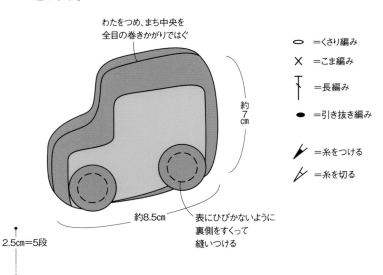

わたをつめ、まち中央を
全目の巻きかがりではぐ

約7cm
約8.5cm
表にひびかないように
裏側をすくって
縫いつける

○ ＝くさり編み
× ＝こま編み
┬ ＝長編み
● ＝引き抜き編み
／ ＝糸をつける
✄ ＝糸を切る

タイヤ 4枚
（長編み）
A 紺　B オレンジ色

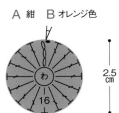

2.5cm

頭と胴体

残った5目に糸を通して絞る

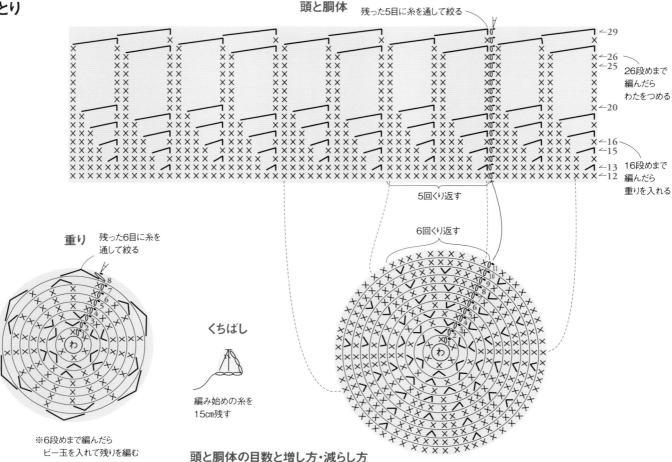

←29
←26
←25
←20
←16
←15
←13
←12

26段まで
編んだら
わたをつめる

16段めまで
編んだら
重りを入れる

5回くり返す

6回くり返す

重り

残った6目に糸を通して絞る

くちばし

編み始めの糸を
15cm残す

※6段めまで編んだら
ビー玉を入れて残りを編む

○ =くさり編み

× =こま編み

V = Ⅴ こま編み2目編み入れる

⋀ = ⋀ こま編み2目一度

キ =長編み

⋀ =長編み2目一度

● =引き抜き編み

↗ =糸をつける

↗ =糸を切る

頭と胴体の目数と増し方・減らし方

段	目数	増し方・減らし方
29	5目	
28	10目	毎段5目減らす
27	15目	
21〜26	20目	増減なし
20	20目	
19	25目	
18	30目	
17	35目	毎段5目減らす
16	40目	
15	45目	
14	50目	
13	55目	
11・12	60目	増減なし
10	60目	
9	54目	
8	48目	
7	42目	
6	36目	毎段6目増す
5	30目	
4	24目	
3	18目	
2	12目	
1	6目編み入れる	

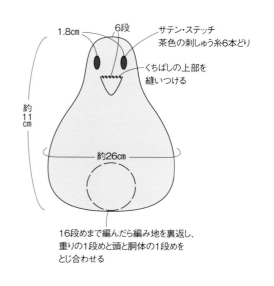

1.8cm

6段

サテン・ステッチ
茶色の刺しゅう糸6本どり

くちばしの上部を
縫いつける

約11cm

約26cm

16段めまで編んだら編み地を裏返し、
重りの1段めと頭と胴体の1段めを
とじ合わせる

にんじん

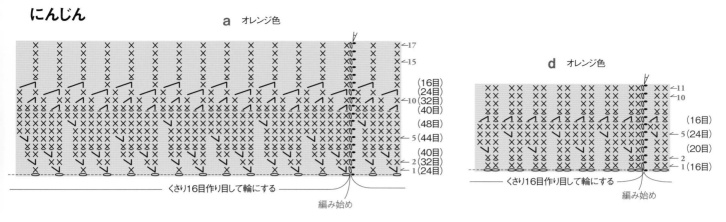

a オレンジ色

←17
←15
(16目)
(24目)
(32目)
←10
(40目)
(48目)
←5 (44目)
←2 (32目)
←1 (24目)

くさり16目作り目して輪にする

編み始め

d オレンジ色

←11
←10
(16目)
←5 (24目)
(20目)
←2
←1 (16目)

くさり16目作り目して輪にする

編み始め

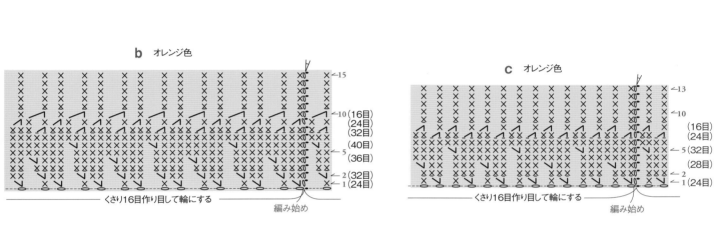

b オレンジ色

←15
←10 (16目)
(24目)
(32目)
(40目)
←5 (36目)
←2 (32目)
←1 (24目)

くさり16目作り目して輪にする

編み始め

c オレンジ色

←13
←10
(16目)
(24目)
←5 (32目)
(28目)
←2
←1 (24目)

くさり16目作り目して輪にする

編み始め

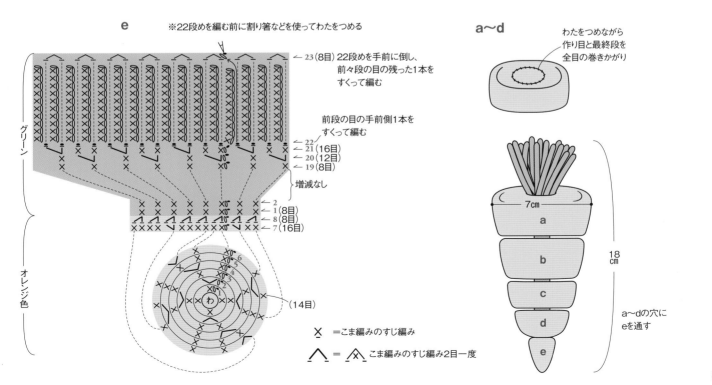

e

※22段めを編む前に割り箸などを使ってわたをつめる

←23 (8目) 22段めを手前に倒し、前々段の目の残った1本をすくって編む

前段の目の手前側1本をすくって編む

←22
←21 (16目)
←20 (12目)
←19 (8目)

増減なし

←2
←1 (8目)
←8 (8目)
←7 (16目)

グリーン

オレンジ色

(14目)

わ

×0' 6
×0' 5
×0' 4
×0' 3

a〜d

わたをつめながら作り目と最終段を全目の巻きかがり

7cm

a

b

18cm

c

d

e

a〜dの穴にeを通す

✕ =こま編みのすじ編み

🙼 = 🙼 こま編みのすじ編み2目一度

フードつきケープ

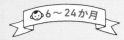 6〜24か月

編み方 →86ページ

そでがないので着せやすく、見た目もかわいい、人気のアイテムです。
おすわりの頃から歩くようになるまで、長く使えるのもうれしい。
Aはくま耳、Bはすそに花モチーフをつけて仕上げました。

A

デザイン／川路ゆみこ　制作／穴瀬圭子
糸／ハマナカ わんぱくデニス

フードつきケープ

A

B

用意するもの

糸　ハマナカ わんぱくデニス（50g玉巻）
　　A うす茶（58）185g　ベージュ（55）50g
　　B 水色（47）215g　パープル（49）40g
針　ハマナカアミアミ両かぎ針ラクラク5/0号
その他　直径1.5cmのボタン各3個
ゲージ　模様編み　1模様＝3cm　12段＝10cm
　　　　長編み　20目、9段＝10cm角
サイズ　着丈 29.5cm

編み方　糸は1本どりで、指定の配色で編みます。

1　前後身ごろはくさり217目作り目し、Aは模様編みのしま、Bは模様編みで16段編みますが、Aは編み方向に注意して編みます。続けて長編みで目を減らしながら編みます。

2　続けてフードを長編みで図のように編みます。フードを二つ折りにし、上部を巻きかがりではぎ合わせます。

3　前端からフードの顔まわりに続けて縁編みを編みますが、Aの左前にはボタン穴をあけて編みます。

4　Aは耳、Bは花モチーフをそれぞれ編み、フードと前後身ごろに縫いつけます。ボタンをつけます。

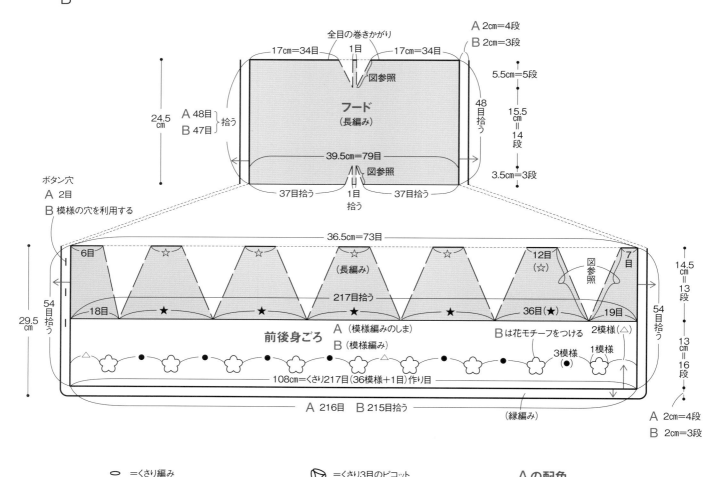

A 2cm＝4段
B 2cm＝3段

全目の巻きかがり
1目
図参照

17cm＝34目　　17cm＝34目

24.5cm

A 48目
B 47目 ｝拾う

5.5cm＝5段

15.5cm＝14段

フード
（長編み）

48目拾う

39.5cm＝79目　図参照

37目拾う　1目拾う　37目拾う

3.5cm＝3段

ボタン穴
A 2目
B 模様の穴を利用する

36.5cm＝73目

6目　☆　☆　☆　☆　12目（☆）　図参照　7目

（長編み）

14.5cm＝13段

54目拾う

18目　★　★　★　★　36目（★）　19目

217目拾う

前後身ごろ
A（模様編みのしま）
B（模様編み）

Bは花モチーフをつける

2模様（△）

54目拾う

13cm＝16段

29.5cm

△　3模様（●）　1模様

108cm＝くさり217目（36模様＋1目）作り目

A 216目　B 215目拾う

（縁編み）

A 2cm＝4段
B 2cm＝3段

◦ ＝くさり編み

╳ ＝こま編み

┬ ＝中長編み

╫ ＝長編み

∧ ＝長編み2目一度

Ⅴ ＝長編み2目編み入れる

⟨⟩ ＝くさり3目のピコット

● ＝Bの花モチーフつけ位置

✎ ＝糸をつける

✎ ＝糸を切る

Aの配色

＝うす茶

＝ベージュ

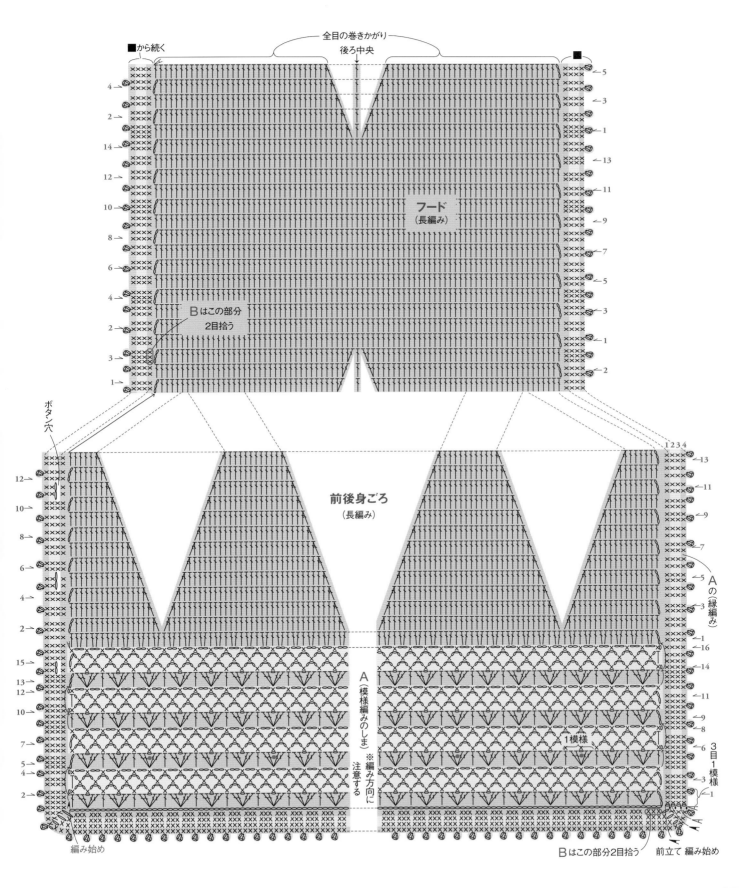

全目の巻きかがり
後ろ中央

■から続く   ■

フード
（長編み）

Bはこの部分
2目拾う

ボタン穴

前後身ごろ
（長編み）

A
（模様編みのしま）
※編み方向に
注意する

1模様

A
の
（縁編み）

3目1模様

編み始め   Bはこの部分2目拾う   前立て 編み始め

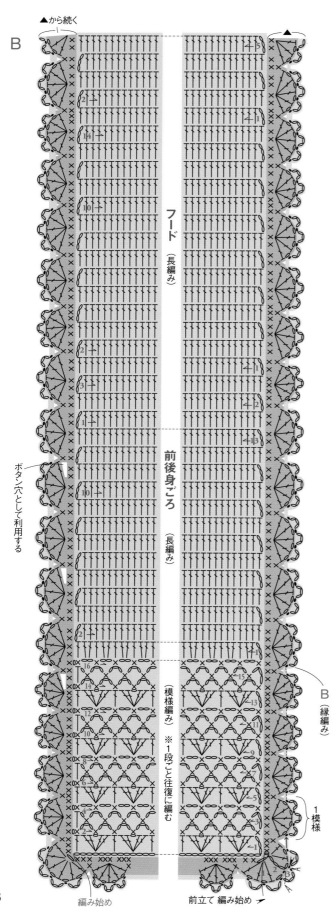

▲から続く

B

フード（長編み）

前後身ごろ（長編み）

（模様編み）※1段ごと往復に編む

ボタン穴として利用する

（縁編み）B

1模様

編み始め　前立て編み始め

Aの耳つけ位置

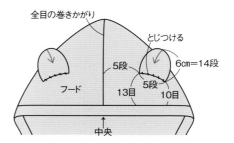

全目の巻きかがり

とじつける

6cm＝14段

5段

13目　5段

10目

フード

中央

Aの耳　2枚
（こま編み）

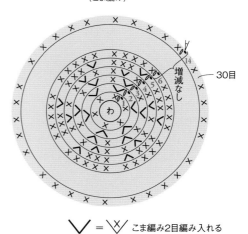

増減なし

30目

わ

∨ ＝ ∨ こま編み2目編み入れる

Bの花モチーフ
9枚

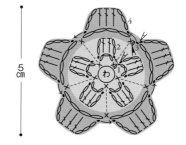

5cm

わ

※3段めのこま編みは、2段めを手前に倒し、
1段めのこま編みに編みつける

Bの配色

　＝水色

　＝パープル

【前後身ごろを編みます】

1段め

❶ うす茶で作り目して1段めを編む。最後の長編みを編むときにベージュにかえて引き抜く。うす茶は切らずに休めておく。

2～4段め

❷ 立ち上がりのくさり編みを1目編み、編み地を裏返して2段めを編む。

❸ ベージュで4段めまで編んだら、最後の目を大きく広げ、糸玉をくぐらせる。

❹ くぐらせた糸を引きしめ、切らずに休めておく。

5段め

❺ 休めておいたうす茶の糸をゆるめに渡し、4段めのこま編みの頭に針を入れて引き出してから、立ち上がりを編む。

❻ 同じ要領で模様編みのしまで16段めまで編む。続けて長編みを13段編む。

【フードを編みます】

❼ 続けてフードを長編みで増減しながら編む。編み終わりは糸端を30cm残してカットする。

【フードを巻きかがります】

❽ フードを外表に合わせ、残した糸をとじ針に通して全目の巻きかがりをする。

【前立てを編みます】

❾ うす茶の糸をつけ、右前端、フード、左前端、すそから続けて拾い目する。

❿ 2・3段めはベージュの糸にかえ、前立てを4段編む（左前にはボタン穴をあける）。

【耳を編んでつけます】

⓫ 耳は糸端を輪にし、こま編みで2枚編む。耳をフードの指定の位置にとじつける。

【Bの編み方】

Bの模様編みは水色で1段ごと往復に編み、そのあとはAと同様編む。Bの縁編みを編み、花モチーフを編んでとじつける。

ニットパンツ

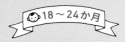 18〜24か月

編み方 → 92ページ

やわらかいニットパンツなら、遊ぶときも動きやすい。
レギンスやハイソックスと組み合わせれば、
寒い冬の日もあたたかく過ごせます。

デザイン／河合真弓　制作／関谷幸子
糸／ハマナカ かわいい赤ちゃん

スカート

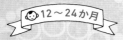

編み方 →94ページ

歩き始めたら編んであげたい、ギャザーたっぷりのスカート。
すそには白で縁編みプラスして、ガーリーな雰囲気に仕上げました。

デザイン／河合真弓　制作／沖田喜美子
糸／ハマナカ アメリーエフ《合太》

ニットパンツ

用意するもの

糸　ハマナカ かわいい赤ちゃん (40g玉巻) 水色 (31) 140g

針　ハマナカアミアミ両かぎ針ラクラク5/0号、7/0号

その他　幅1.1cmのゴムテープ52cm

ゲージ　模様編み　24目、12段＝10cm角

サイズ　ウエスト50cm　ヒップ64cm　わき丈28cm

編み方　ひも以外、糸は1本どりを5/0号針で編みます。

1　右パンツは前後続けてくさり91目作り目し、模様編みで図のように編みます。

2　左パンツも同様に作り目し、ウエスト部分は右と対称になるように編みます。

3　股上、股下をそれぞれくさりとじにします。足口にこま編みを輪に編みます。

4　ゴムテープを2cm重ねて輪に縫い、ウエストベルトを裏に折ってまつります。

5　ひもを編んで通し、ひも先にタッセルをつけます。

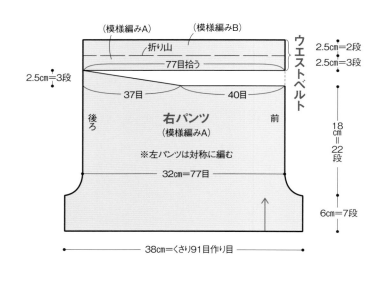

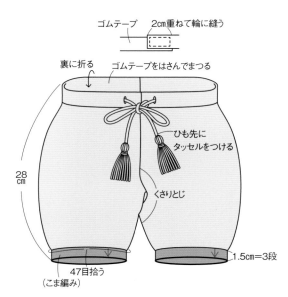

ひも　2本どり　7/0号針

105cm＝くさり158目

タッセルの作り方

ひも

10cmの糸8本どりをひもの端の目に通し、中央から二つ折り

1cm
きつく結ぶ
3.5cm
切りそろえる

◯＝くさり編み

✕＝こま編み

†＝長編み

⋀＝こま編み2目一度

⋀＝長編み2目一度

⋀＝こま編みと中長編みの2目一度

⋀＝中長編み2目一度

●＝引き抜き編み

✎＝糸をつける

✎＝糸を切る

左パンツのウエスト部分

※股上の22段めまでは右パンツと同じ

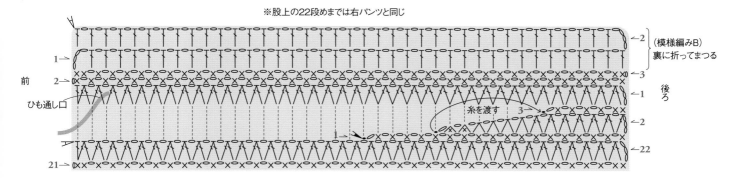

前

ひも通し口

（模様編みB）
裏に折ってまつる

糸を渡す

後ろ

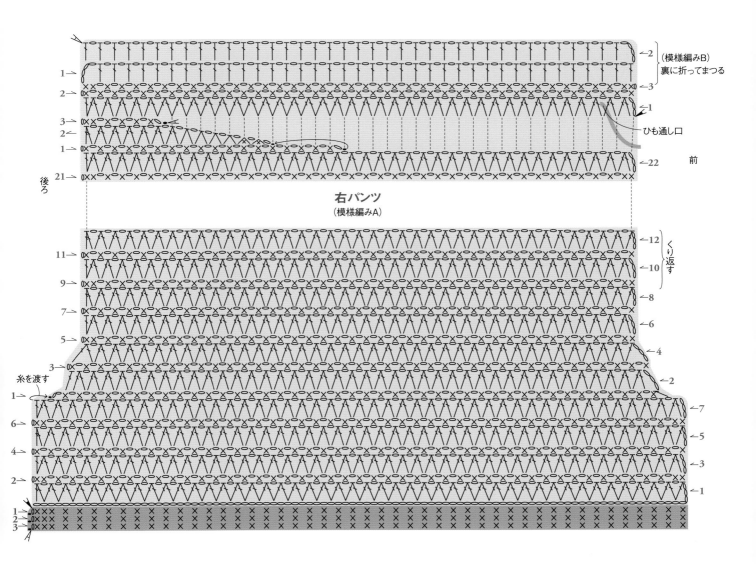

右パンツ
（模様編みA）

スカート

用意するもの

糸 ハマナカ アメリーエフ《合太》（30g玉巻）
　　グレー（523）120g
　　ナチュラルホワイト（501）10g

針 ハマナカアミアミ両かぎ針ラクラク4/0号

その他 直径1.8cmのボタン2個
　　　幅2cmのゴムテープ50cm

ゲージ 模様編みA　2模様＝5.5cm、4段＝3.5cm

サイズ ウエスト48cm　スカート丈25cm

編み方　糸は1本どりで、指定以外はグレーで編みます。

1. 前後スカートはくさり304目作り目して輪にし、模様編みAで輪で往復に編みます。
2. すそに飾りを編み、20段めにも飾りを編みます。
3. ウエスト側から拾い目し、こま編みを1段編み、続けてウエストベルトを長編みで編みます。
4. 肩ひもはくさり9目作り目し、模様編みBで2本編みます。
5. ゴムテープを2cm重ねて輪に縫い、ウエストベルトを裏に折ってまつります。
6. 肩ひもを裏側に縫いつけ、交差させて縫いとめます。ボタンをつけます。

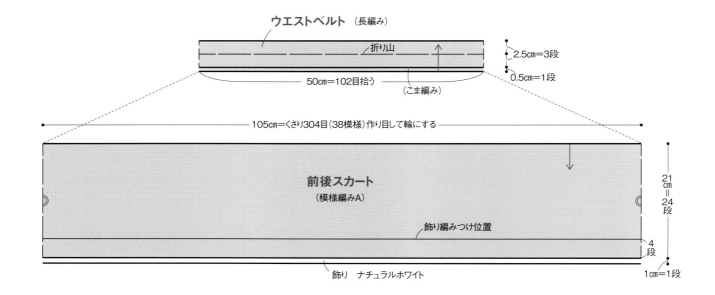

ウエストベルト（長編み）

折り山

50cm＝102目拾う　（こま編み）

2.5cm＝3段
0.5cm＝1段

105cm＝くさり304目（38模様）作り目して輪にする

前後スカート
（模様編みA）

飾り編みつけ位置

飾り　ナチュラルホワイト

21cm＝24段
4段
1cm＝1段

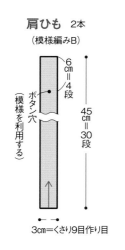

肩ひも　2本
（模様編みB）

6cm＝4段
ボタン穴（模様を利用する）
45cm＝30段

3cm＝くさり9目作り目

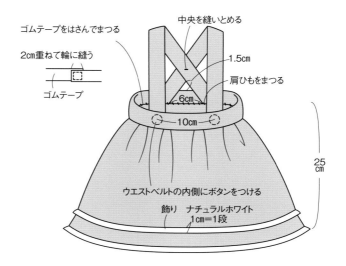

ゴムテープをはさんでまつる
2cm重ねて輪に縫う
ゴムテープ

中央を縫いとめる
1.5cm
肩ひもをまつる
6cm
10cm

ウエストベルトの内側にボタンをつける

飾り　ナチュラルホワイト
1cm＝1段

25cm

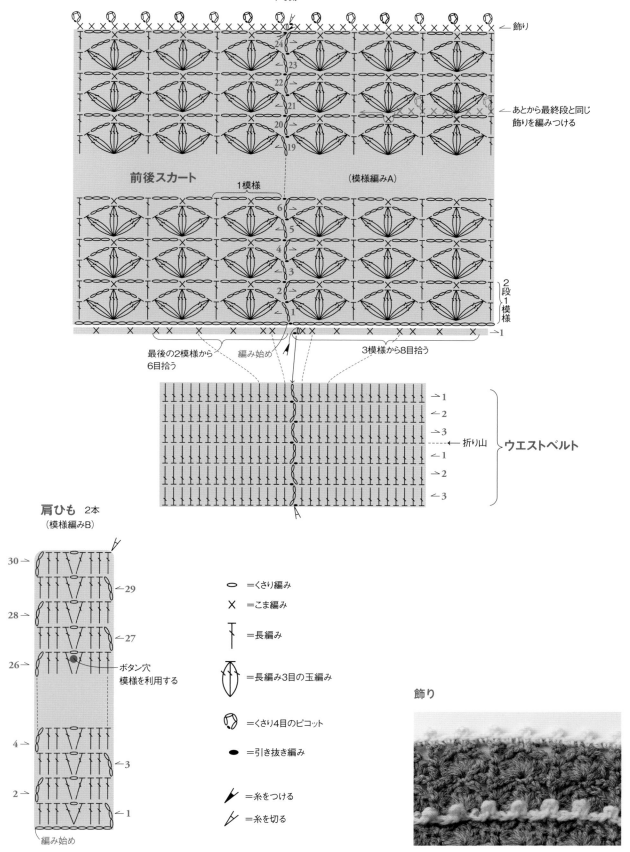

すそ側

←飾り

←あとから最終段と同じ
　飾りを編みつける

前後スカート　　　1模様　　　（模様編みA）

2段1模様

最後の2模様から　編み始め　　　3模様から8目拾う
6目拾う

ウエストベルト

折り山

肩ひも　2本
（模様編みB）

ボタン穴
模様を利用する

編み始め

○ ＝くさり編み

× ＝こま編み

┃ ＝長編み

＝長編み3目の玉編み

＝くさり4目のピコット

● ＝引き抜き編み

＝糸をつける

＝糸を切る

飾り

95

カーディガン

A：12〜18か月   B：18〜24か月

編み方 → 98ページ

AとBは同じ編み図ですが、糸と色をかえて変化をつけています。
Aはウール糸でボーダーに、Bはコットン糸であとからえりをつけました。
季節や月齢に合わせて、お好きなものを選んでください。

A

デザイン／河合真弓　制作／沖田喜美子
糸／Aハマナカ アメリーエフ《合太》　Bハマナカ ポーム《彩土染め》

B

カーディガン

A

B

用意するもの

糸　A ハマナカ アメリーエフ《合太》(30g玉巻)
　　　ネイビーブルー (514) 70g
　　　ナチュラルホワイト (501) 55g
　　B ハマナカ ポーム《彩土染め》(25g玉巻)
　　　プロヴァンスイエロー (41) 200g
針　ハマナカアミアミ両かぎ針ラクラク
　　A 4/0号　B 5/0号
その他　ボタン　A 直径1.8cm、B 直径1.5cm各5個
ゲージ　A 模様編み　6模様、12段=9.5cm角
　　　　B 模様編み　6模様、12段=10cm角
サイズ　A 胸囲62cm　着丈30cm　ゆき35.5cm
　　　　B 胸囲66.5cm　着丈32cm　ゆき38cm

編み方　糸は1本どりで、Aは指定の配色で編みます。

1 前後身ごろ、そではそれぞれくさりで作り目し、模様編みで編みます。

2 肩を全目の巻きかがりにし、そでをくさりとじでつけます。わき、そで下もくさりとじにします。

3 えりぐり、すそ、そで口にそれぞれこま編みを編みます。前立てをこま編みで編みますが、左前にはボタン穴をあけて編みます。

4 右前立てから続けてえりぐり、前端、すそに続けて縁編み(Aはバックこま編み)を編み、そで口にも縁編み(Aはバックこま編み)を編みます。

5 Bのえりはくさり77目作り目し、ネット編みで図のように編み、続けて両側とつけ側に縁編みを編みます。

6 ボタンをつけ、Bはえりぐりの内側にえりをとじつけます。

※ 目数と段数は A、B 共通
※〈　〉内の寸法は A、指定以外は共通

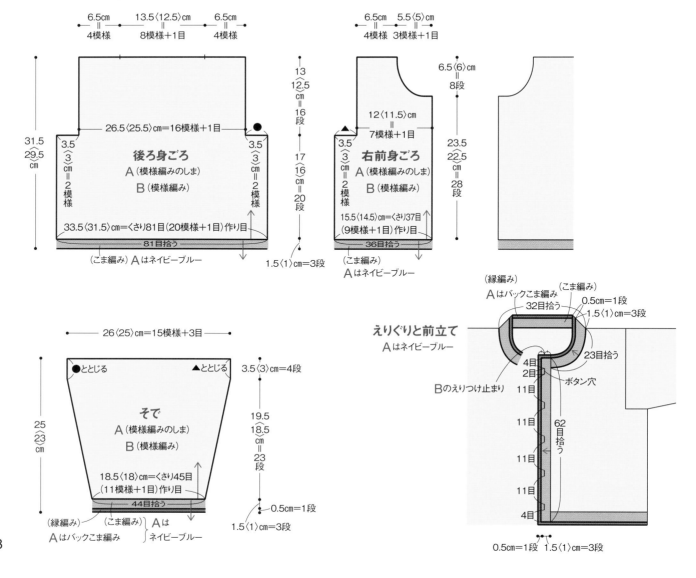

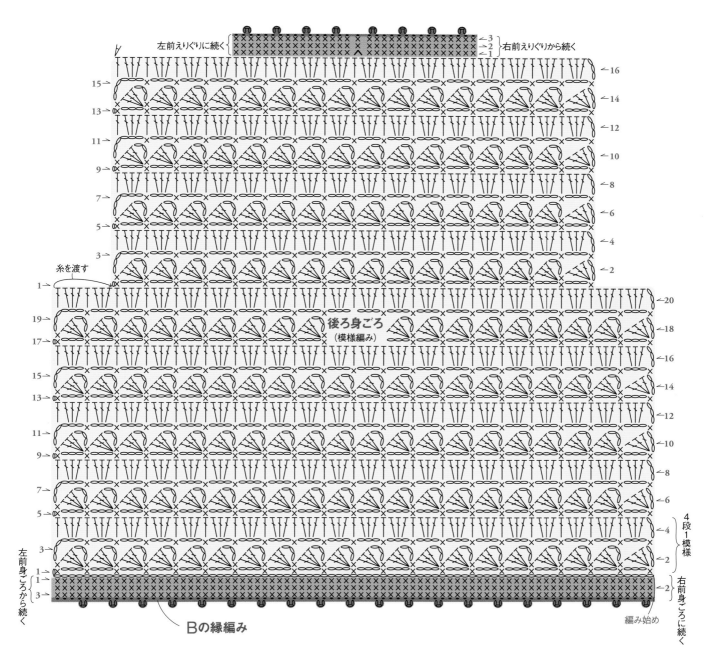

左前えりぐりに続く　　　　　右前えりぐりから続く

糸を渡す

後ろ身ごろ
（模様編み）

4段1模様

左前身ごろから続く

B の縁編み

右前身ごろに続く

編み始め

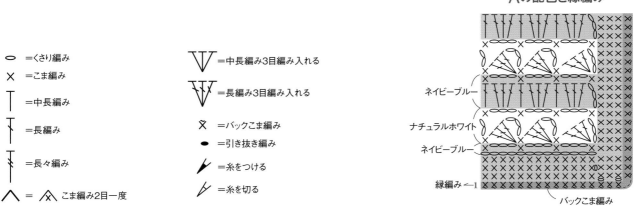

A の配色と縁編み

ネイビーブルー

ナチュラルホワイト

ネイビーブルー

縁編み

バックこま編み

○	＝くさり編み
✕	＝こま編み
┃	＝中長編み
┼	＝長編み
┿	＝長々編み
⌃ = ⋀	こま編み2目一度

⋁	＝中長編み3目編み入れる
⋁	＝長編み3目編み入れる
✕	＝バックこま編み
●	＝引き抜き編み
✎	＝糸をつける
✂	＝糸を切る

99

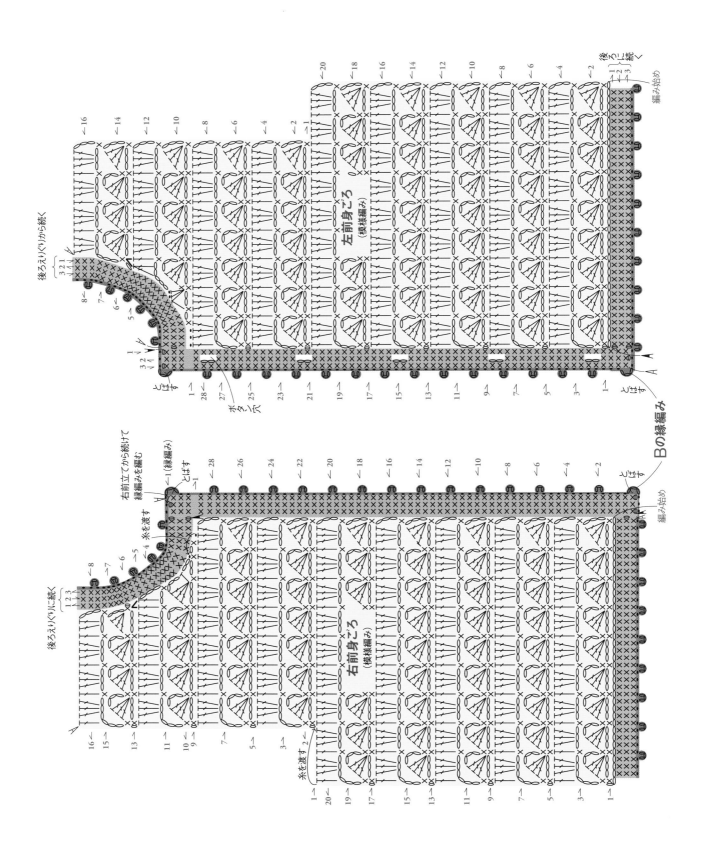

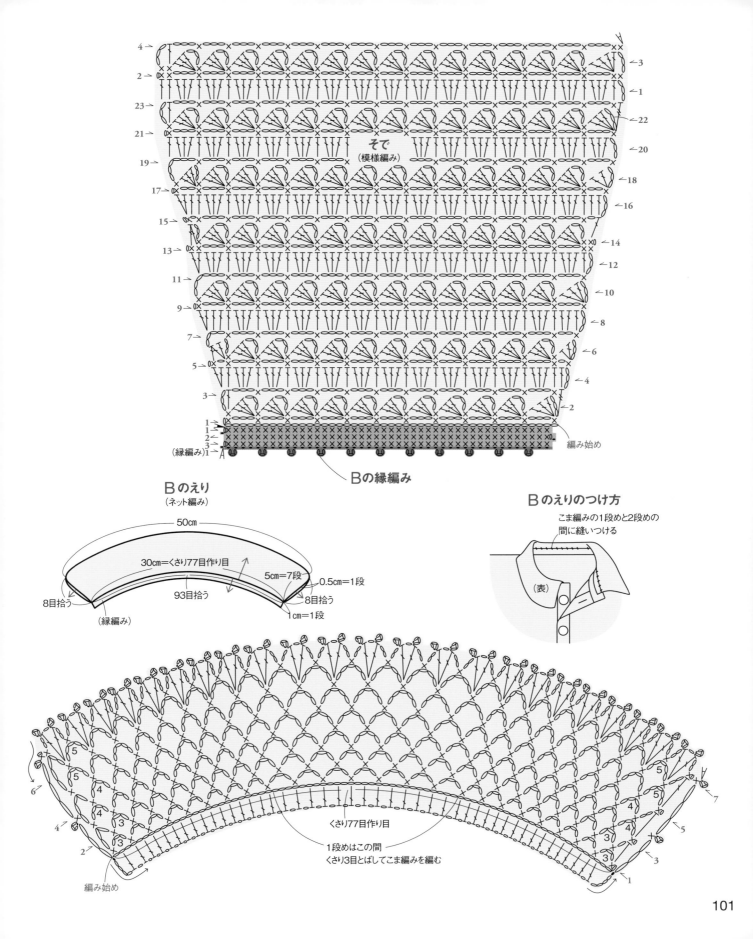

そで
（模様編み）

B の縁編み

B のえり
（ネット編み）

50cm

30cm＝くさり77目作り目

5cm＝7段

0.5cm＝1段

8目拾う

93目拾う

8目拾う

1cm＝1段

（縁編み）

B のえりのつけ方

こま編みの1段めと2段めの
間に縫いつける

（表）

くさり77目作り目

1段めはこの間
くさり3目とばしてこま編みを編む

編み始め

ジャケット

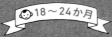

18〜24か月

編み方 → 104ページ

冬のコーディネートの主役になる、ダブルのジャケットです。
ツィードヤーンで編めばトラディショナルに、
きれいな赤で編めば元気な雰囲気に仕上がります。

A

デザイン／河合真弓　制作／松本良子
糸／Aハマナカ ソノモノ ツィード　Bハマナカ アメリー

B

ジャケット

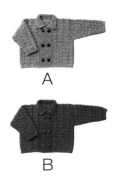

A

B

用意するもの

糸 A ハマナカ ソノモノ ツィード（40g玉巻）
　　ベージュ（72）250g
　B ハマナカ アメリー（40g玉巻）
　　クリムゾンレッド（5）220g

針 ハマナカアミアミ両かぎ針ラクラク
　A 4/0号、5/0号　B 5/0号、6/0号

その他 ボタン　直径1.8cm各6個

ゲージ 模様編み　20目、9.5段＝10cm角
　　　 うね編み（前立て）24.5目＝10cm　18段＝8cm

サイズ 胸囲71cm　着丈31.5cm　ゆき37.5cm

編み方 糸は1本どりで、針は指定以外、Aは4/0
号針、Bは5/0号針で編みます。

1 前後身ごろ、そではそれぞれくさりで作り目し、
模様編みで編みます。

2 すそとそで口にうね編みを編みます。

3 前後身ごろから拾い目し、前立てをうね編みで編
みますが、左前にはボタン穴をあけて編みます。

4 肩を全目の巻きかがりにし、そでをくさりとじで
つけます。わき、そで下もくさりとじにします。

5 えりぐりから拾い目し、えりをうね編みで編みま
すが、10段めから1号太い針にかえて編みます。

6 ボタンをつけます。

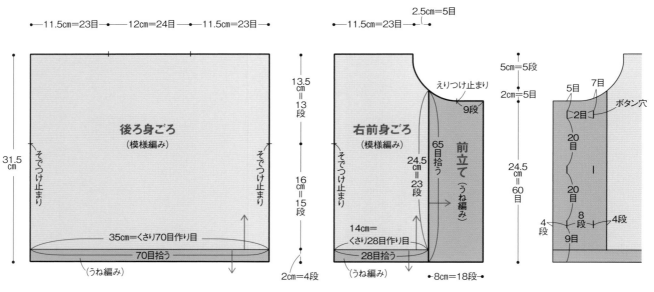

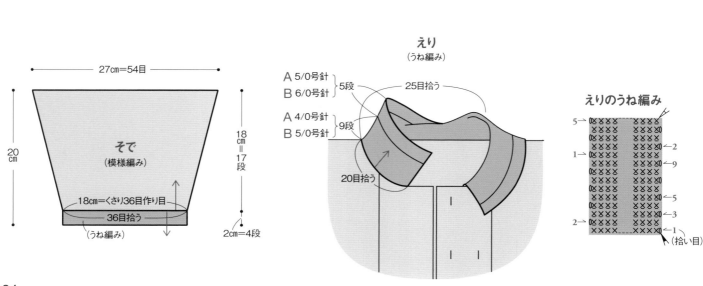

えり
（うね編み）

えりのうね編み

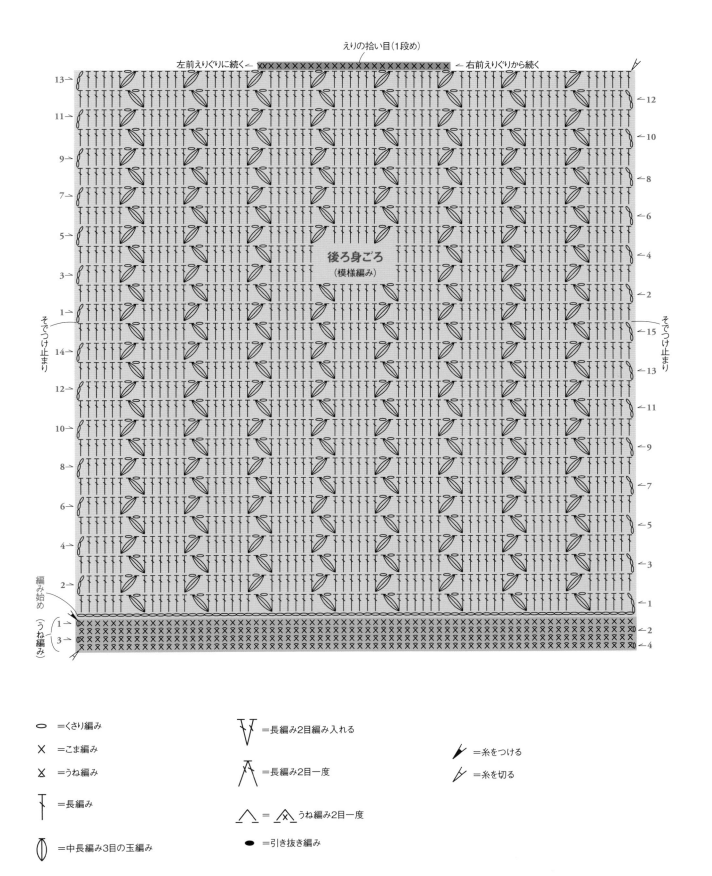

えりの拾い目(1段め)

左前えりぐりに続く←   →右前えりぐりから続く

後ろ身ごろ
(模様編み)

そでつけ止まり

そでつけ止まり

編み始め
(うね編み)

○ =くさり編み

X =こま編み

X =うね編み

† =長編み

🝆 =中長編み3目の玉編み

V =長編み2目編み入れる

A =長編み2目一度

∧ = ⋏ うね編み2目一度

● =引き抜き編み

⟋ =糸をつける

⟋ =糸を切る

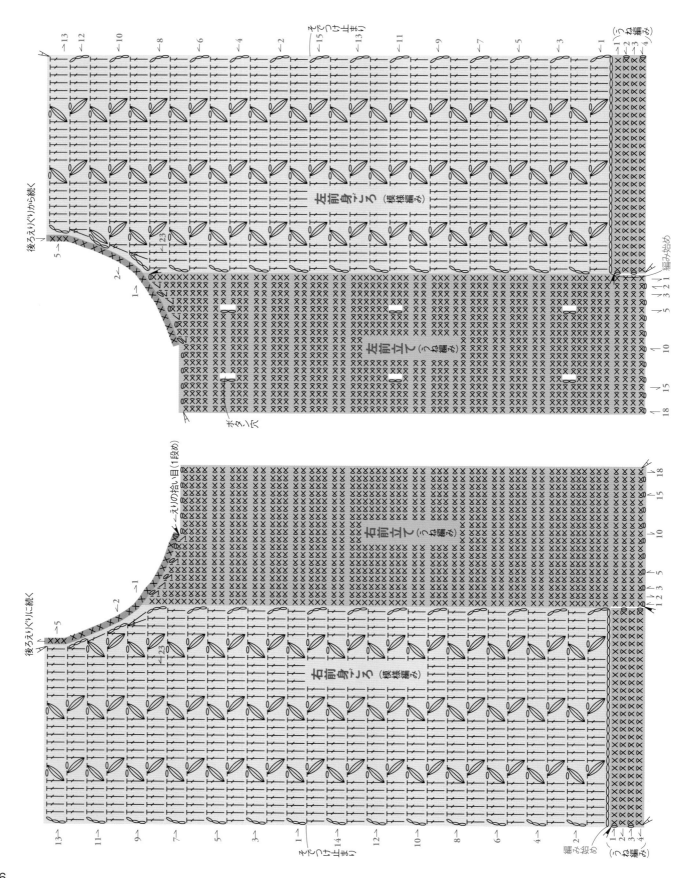